AF602751

Adoratrice-Apôtre

Mère Marie-Berchmans

de la Société de Marie-Auxiliatrice

—

1869-1908

—

Par le R. P. Edm. THIRIET, O. M. I.,

ancien Supérieur des Chapelains de Montmartre.

Hostia pro Hostia

EN VENTE

A la Maison-Mère, 25, rue de Maubeuge, Paris, IXe.

et à la Librairie Saint-Paul, 6, rue Cassette, Paris, VIe.

—

1922

Nihil obstat :

Fr. Sachot, O. M. I.,
censor deputatus.

IMPRIMATUR :

Parisiis, die 15ª Novembris 1921.

E. Thomas,
vic. gen.

LETTRE

DE

Son Eminence le Cardinal Dubois

Archevêque de Paris.

ARCHEVÊCHÉ

DE

PARIS

Paris, le 1er mai 1922.

MON RÉVÉREND PÈRE,

La gerbe déjà très riche et très variée de vos œuvres s'enrichit d'une fleur nouvelle — fleur exquise toute parfumée de l'amour de Dieu et de l'amour des âmes.

Adoratrice-Apôtre, *avez-vous écrit au frontispice de la charmante biographie de* **Mère Marie-Berchmans**, *de la Société de Marie-Auxiliatrice.*

C'est à susciter des âmes analogues que tendent ces pages où, si souvent, vous laissez la parole à la pieuse et héroïque jeune fille, dont l'entrée et le séjour au couvent furent une suite ininterrompue de sacrifices.

Mais la divine charité les adoucissait. Et ce nous est une leçon de courage chrétien, mieux encore, de sainteté.

Les Religieuses de Marie-Auxiliatrice seront heureuses, les premières, de la recueillir comme un héritage de famille ; elles la partageront, je l'espère et je le souhaite, avec de nombreux lecteurs, qu'édifiera le récit d'une vie des plus simples et des plus attrayantes.

Veuillez agréer, mon Révérend Père, l'assurance de mes sentiments toujours tout affectueusement dévoués en Notre-Seigneur.

† *Louis, Card.* Dubois,

Arch. de Paris.

Lettre de Mgr Thomas

Vicaire général de Paris,

Supérieur de l'Institut de Marie-Auxiliatrice.

ARCHEVÊCHÉ
DE
PARIS

Paris, le 26 avril 1922.

Mon Révérend Père,

Au moment où je ferme le beau livre, dans lequel vous avez si bien exposé la vie d'une humble religieuse de la **Société de Marie-Auxiliatrice,** *laissez-moi vous dire l'émotion et l'édification que j'ai éprouvées, en parcourant ces pages.*

Mère Marie-Berchmans *entrait au Noviciat à l'époque où j'étais moi-même désigné par le saint Cardinal Richard comme supérieur ecclésiastique du pieux Institut. J'ai donc pu la suivre dans toutes les étapes de sa vie religieuse. Mais elle cachait avec un tel soin, sous le voile de l'humilité, ses qualités d'esprit et de cœur aussi bien que les grâces dont Dieu comblait son âme, qu'il m'a fallu* *lire votre livre pour connaître à fond cette* **Adoratrice-Apôtre,** *comme vous l'appelez.*

Vous nous la révélez, ou plutôt vous faites en sorte qu'elle se révèle elle-même, dans tout le cours de l'ouvrage, en suivant pas à pas son Journal, où, sans s'en douter, elle écrivait à l'avance sa propre vie. Vous avez su très bien exploiter cette mine précieuse, mon Révérend Père, et vous avez droit à notre reconnaissance, pour avoir ainsi tracé un si admirable portrait de la religieuse contemplative et active tout à la fois.

Nous la voyons agir et se mouvoir dans ce cadre de Marie-Auxiliatrice, où une vie surnaturelle intense est de rigueur, pour accomplir la grande et noble tâche à laquelle l'Institut s'est voué.

Mère Marie-Berchmans a rempli cette mission avec la simplicité qui est la marque distinctive de cette Famille religieuse, mais aussi une perfection de vie qui fait d'elle un modèle à imiter.

Celles de ses Sœurs qui l'ont connue et qui conservent d'elle un souvenir si suave, et celles qui sont venues et qui viendront travailler après elle aux Œuvres de Marie-Auxiliatrice, voudront s'inspirer sans cesse de son exemple ; elles comprendront mieux encore avec quelle application elles doivent accentuer en elles la vie intérieure, puisée et entretenue au contact de la divine Hostie, pour assurer une fécondité toujours plus grande à leur apostolat.

La conduite de Mère Marie-Berchmans, dans sa famille et dans le monde, au milieu des difficultés et des contradictions qu'elle y a rencontrées, ne contribuera pas peu à éclairer, à soutenir et à consoler un bon nombre de jeunes filles, aux prises avec des épreuves et des obstacles semblables, et leur apprendra à attendre, dans la prière et la confiance, l'heure de Dieu.

Veuillez agréer, mon Révérend Père, avec mes remerciements personnels et mes félicitations les plus sincères, l'assurance de mes religieux et tout dévoués sentiments en Notre-Seigneur.

Ed. THOMAS,
vic. gén.

PRÉFACE

On a dit de saint Jean Berchmans qu'il fut « un ange du ciel égaré sur la terre ».

En écrivant l'histoire intime d'une petite Parisienne, l'auteur de ces pages a éprouvé les mêmes impressions.

Celui qui fait *ses délices d'habiter parmi les enfants des hommes* se réserve des âmes privilégiées qui entourent son trône eucharistique d'un cortège d'amour.

Dans la cohue tapageuse de la grande ville comme dans le sanctuaire silencieux de sa communauté, l'*Adoratrice-Apôtre* prie, répare et s'immole en union avec le Bien-Aimé.

Dérobée aux regards des hommes sous le voile de l'humilité, elle s'applique à ne respirer que du côté du ciel.

Qui oserait lui reprocher de n'avoir point choisi la meilleure part ?

De la cellule au paradis, en quelques pas, la distance est franchie.

De cella ad cœlum brevis via [1].

Heureusement, l'influence d'une sainte vie n'expire pas aux barrières de ce monde.

Le trésor de ses exemples reste à qui veut en profiter...

E. T.

[1] Saint Bernard.

AVANT-PROPOS

Proposer aux catholiques du XXe siècle un idéal de sainteté en dehors de la voie commune, c'est leur parler une langue étrangère qu'ils ne comprennent pas et déconcerter leur bonne volonté toujours courte par quelque endroit. Ils prétendent que la perfection n'est possible que dans la solitude du cloître. Aux âmes consacrées, la pratique austère de l'abnégation et du sacrifice. La pénitence, disent-ils, est une vertu de surérogation, partage exclusif de la vie religieuse, mais nullement nécessaire au salut dans le chemin ordinaire de la vie chrétienne.

Cependant, c'est une vérité incontestable que tout homme est appelé à être un saint. Telle est sa destinée ici-bas, tel doit être le but unique de ses aspirations.

* * *

Certes, il y a, dans l'échelle de la sainteté, une diversité de degrés qui va jusqu'à l'infini. Mais, au degré infime tout au moins, la sainteté n'est pas seulement possible, elle est rigoureusement obligatoire, puisqu'elle se confond alors avec la vie de grâce et de charité surnaturelle, hors de laquelle il n'existe qu'état de péché en ce monde, et que réprobation éternelle en l'autre.

Le vrai chrétien, fidèle à sa vocation, ne peut se maintenir sur le chemin du ciel sans une intime et forte union habituelle avec Dieu. Il est capable, par la pratique fervente de ses devoirs, d'aller jusqu'à l'héroïsme.

* * *

Toutes les âmes ne sauraient également prétendre à un degré suréminent de sainteté. Il est certain, néanmoins, que la plupart, faute de fidèle correspondance à la grâce, n'atteignent pas la place qu'elles devraient occuper dans la hiérarchie de la vie surnaturelle.

On se fait, trop souvent, de la sainteté, une idée fausse qui paralyse l'effort nécessaire.

Les saints, sur cette terre, subissent les conditions de l'humanité déchue. Ils sont condamnés à la peine, au travail, à la souffrance. La différence entre eux et nous, c'est qu'ils acceptent avec amour les épreuves en vue d'acquérir cet état de perfection où nous les voyons s'élever comme naturellement. Prétendre que l'on se sanctifie sans mal, et qu'il est une catégorie d'âmes en qui la sainteté se fait toute seule, est une grave et dangereuse erreur.

Enfant, jeune fille, religieuse, celle dont les pages qui suivent esquissent la courte existence, se présente à nous comme une simple et fragile créature, en butte aux misères inhérentes à l'infirmité de son sexe. A coup sûr, elle est loin de jouir de la béatitude réservée aux possesseurs de l'éternelle récompense ; sa vie est un martyre. C'est par l'effort, la souffrance, la lutte et la mort qu'elle parvient, en suivant l'invitation du Maître, au terme de ses fervents désirs.

* * *

La sainteté ne consiste pas davantage dans des situations ou des faits extraordinaires. Les phénomènes divins — révélations et miracles — illustrent sans doute la vie de ces héros que l'Eglise a placés sur les autels. Des âmes, médiocres, ou même pécheresses, Dieu le voulant ainsi, pourraient, à la rigueur, en être favorisées.

Rien de plus ordinaire que l'existence de Mère Marie-Berchmans. Sa biographie tient en quelques lignes à peu près insignifiantes. En somme, elle n'a produit aucune œuvre digne de mériter l'admiration de ses compagnes. Simple religieuse, sans charge, humble violette cachée dans le parterre des fleurs odorantes qui s'épanouissent au pied du tabernacle, exposée peut-être à ces tentations qui ne sont pas épargnées aux amis de Jésus, se sentant pétrie de défauts qui l'abaissent à ses yeux, la vaillante Adoratrice travaille, concurremment avec la grâce, à la graduelle conquête d'une éminente sainteté :

Qu'a donc fait sainte Germaine Cousin pour obtenir les honneurs de la canonisation ?... Sa journée de bergère !

Pareillement, notre petite Sœur a simplement observé sa règle ; c'est là, croyons-nous, son plus beau et plus solide mérite.

* * *

Le saint n'est pas un être abstrait et vaporeux. Il est taillé en pleine et vive réalité. Personne n'est, comme lui, conforme aux lois de l'existence. La perfection consiste dans l'accomplissement fidèle et généreux du « devoir d'état », dans toute l'ampleur magnifique que comporte ce mot sacré. Elle ne modifie point nécessairement le cadre habituel, et n'ajoute d'ordinaire aucun décor extérieur à l'existence normale et commune ; elle donne seulement à celle-ci une âme nouvelle — combien noble et précieuse, il est vrai ! — qu'anime l'amour de Dieu et qu'actionne la grâce.

Heureuse l'âme qui sait vouloir !

* * *

« O Dieu ! s'écriait un jour Lacordaire, donnez-nous des saints ! »

Essayons de répondre à ce désir et à ce besoin du monde, en imitant les persévérants efforts que Mère Marie-Berchmans accomplit au cours de son humble carrière. Que l'exemple de sa vie encourage et celles qui marchent sur ses traces et celles qui désirent pratiquer les vertus religieuses en honneur dans la Société de Marie-Auxiliatrice !

Adoratrice - Apôtre

MÈRE MARIE-BERCHMANS

1869-1908

I

Premières années.

SOMMAIRE. — Un foyer parisien. — Le berceau d'une élue de Dieu. — Thérèse à six ans. — « La Bonne Mère l'a sauvée. » — Pensionnaire à la rue de Maubeuge. — Sept années d'abondance. — « Ferveur extraordinaire. » — « Ne fais pas ta Sophie. » — « Petit paon. »

MULTIPLES et variées à l'infini sont les œuvres de Dieu. On sait — et c'est un perpétuel sujet d'admiration pour qui contemple la nature, — on sait que l'Auteur de toutes choses n'a pas façonné deux feuilles semblables ni deux grains de blé identiques.

Même diversité d'aptitudes intellectuelles et morales dans le monde des âmes.

C'est ainsi que Celui qui fait croître les fleurs les plus parfumées au sommet des glaciers ou dans la fange des marais, se choisit des âmes idéalement belles au milieu du bourbier de ce monde où chacun prétend « vivre sa vie » dans le bien-être et l'indépendance.

Toutefois, à étudier la vie des saints, on constate que d'ordinaire la Providence prépare avec une sollicitude particulière le sol où elle veut voir s'épanouir les fleurs destinées à embaumer la terre.

* * *

A Paris, très nombreuses encore sont les familles que leur fidélité aux traditions chrétiennes préserve du tourbillon d'indifférence religieuse qui en entraîne tant d'autres dans la voie facile des jouissances matérielles. Elles n'empruntent à la fièvre des affaires qu'une conception plus nette de leurs devoirs envers Dieu et le prochain ; au spectacle des frivolités extérieures, où d'autres se complaisent, elles ne conçoivent qu'une estime plus grande pour la pratique de notre sainte religion.

Telle n'était pas précisément la famille Duquesne. Mais la foi des ancêtres y avait jeté de trop profondes racines pour ne pas fleurir un jour dans ce foyer. Les jeunes époux qui venaient de mettre en commun leurs éléments de bonheur pour traverser ensemble les épreuves qui sont le lot de toute existence humaine, partageaient bien les mêmes sentiments et jouissaient aussi des mêmes espérances. Néanmoins, leur principale préoccupation, semble-t-il, allait à l'acquisition de la fortune et du bien-être.

Sans négliger les grands devoirs d'une parfaite honnêteté, M. Duquesne s'appliquait surtout au travail et son premier souci consistait à augmenter le patrimoine familial.

Son épouse n'était pas assez détachée des vues terrestres pour dire comme la femme forte : « Je voudrais être mère d'une race sainte. » Du moins, l'éducation religieuse qu'elle avait reçue jadis, elle décidera que ses enfants la reçoivent à leur tour.

C'est en ce milieu que la Providence se prépare une élue de son choix, une adoratrice-apôtre, une religieuse privilégiée, morte à la fleur de l'âge en odeur de sainteté.

MARIE-THÉRÈSE DUQUESNE naquit à Paris, rue de Verneuil, le 15 mars 1869.

Quelques jours plus tard, en la solennité de Pâques, la grâce du baptême, qu'elle devait si largement faire fructifier, lui fut conférée dans l'église de Saint-Thomas d'Aquin.

Une petite sœur, Geneviève, lui sera donnée à onze ans d'intervalle, afin qu'elle puisse un jour réaliser plus facilement les desseins de Dieu.

Son sacrifice n'en sera pas moins méritoire ;

il vaudra même aux siens de précieuses bénédictions.

La jeune mère entoure d'une tendre sollicitude le berceau de son enfant ; elle-même se charge de l'élever, comme elle se réservera, dans la suite, le patient labeur de sa première éducation.

Tandis qu'elle veille sur le sommeil de la frêle créature, des rêves d'avenir hantent son esprit et son cœur ; elle est loin de soupçonner qu'elle porte entre ses bras une future épouse de Jésus-Christ.

Dès l'éveil de sa raison, Thérèse manifeste un naturel plutôt défectueux. On la dit capricieuse, entêtée, maussade.

Si, plus tard, sa bonté aimable attire l'attention de ses compagnes et lui gagne leurs sympathies, rien aux premières heures n'annonce cette note, dans laquelle il faudra voir une conquête de la grâce.

Peut-être aussi trouvera-t-on le secret des défauts de sa prime jeunesse dans les suites d'une maladie qui faillit la ravir à l'affection de ses parents.

A peine âgée de quatre ans, Thérèse est atteinte de la fièvre typhoïde. Pendant huit jours elle gît sans connaissance ; la science se déclare impuissante à enrayer les progrès du mal. Tout est mis en œuvre par la pauvre mère qui la soigne avec un dévouement que rien ne lasse. Sans espoir du côté des hommes, Madame Duquesne supplie le Ciel d'avoir pitié de sa détresse et de sauver son enfant. Bref, il lui vient à la pensée de recourir à l'intervention de Notre-Dame de Lourdes, et elle parvient à faire avaler quelques gouttes d'eau de la grotte Massabielle à la petite malade qui, soudain, rouvre les yeux et renaît à la vie.

« Je l'avais consacrée à la sainte Vierge dès sa naissance, c'est la Bonne Mère qui a sauvé ma fillette miraculeusement », déclare ensuite l'heureuse mère.

* * *

A six ans, notre petite Parisienne possède déjà une extraordinaire facilité d'exprimer sa pensée et de donner la réplique dans les conversations.

Alerte, expansive, volontaire, tantôt elle se montre vive, enjouée, et tantôt elle prend un air de dignité qui surprend.

Parfois même elle s'irrite et, sous les boucles de ses cheveux châtains, ses yeux bleus s'allument d'éclairs menaçants qui provoquent le sourire et désarment ses contradicteurs.

Monsieur Duquesne admire sa mignonne espiègle et, avec une indulgence manifeste, prend sa défense en toute occasion. Aussi, obtient-il, en retour, ses préférences. Pour sa fille, il est bon jusqu'à la faiblesse : ni gronderies, ni sévères réprimandes. Ce qu'elle veut, elle l'obtient. Autant elle est prodigue de démonstrations affectueuses à l'égard de son père, autant elle est réservée et indifférente dans ses rapports avec les étrangers. A dire vrai, une sorte de timidité instinctive paraît, à son insu, lui inspirer une vive répulsion pour le monde.

Le nom de Thérèse n'était-il pas le présage de la destinée qui l'attend ?

Parvenue à l'âge de dix-sept ans, elle écrira en tête de son *Journal intime :*

« Laissez-moi seule avec le Maître. Oh ! oui, seule, toute seule ! Que cela est bon ! Assise à ma petite table, j'ai sous les yeux l'image de ma sainte, de ma chère sainte Thérèse. Elle est représentée à genoux en présence de l'Enfant Jésus qui lui apparaît. Quel bonheur extatique reflètent ses traits ! Ses lèvres vous disent, Seigneur : « Je suis la Thérèse de Jésus », et vous lui répondez : « Je suis le Jésus de Thérèse. » Prosternée à vos pieds, j'ose vous redire, moi aussi : « Je suis la Thérèse de Jésus. » Hélas ! je ne mérite pas d'entendre la réponse que ma sainte patronne recueillit... O ma chère sainte, aidez votre enfant, aidez-la, afin que son pauvre cœur aime, comme le vôtre, d'un amour immense, de cet amour que j'ai entendu taxer de folie... Ils disent, les mondains, — puis-je répéter leurs expressions sans proférer un blasphème ? — ils disent que sainte Thérèse n'eût pas été canonisée de nos jours, parce que son amour était *une folie...* Que je suis donc irritée quand j'entends de telles paroles ! Quoi ! une folie ! Aimer Dieu, ce Dieu à qui nous devons tout ! ce Dieu mort pour nous sur la croix, nous ouvrant ses bras, épuisant pour notre salut jusqu'à la dernière goutte de son sang !... Folie plutôt d'aimer ce que tu aimes, ô monde insensé !... »

Cette citation ne suffit-elle pas à révéler ce que sera cette âme, toute vibrante d'idéale charité? Ne prouve-t-elle pas déjà que notre Thérèse appartient visiblement à la lignée de son illustre patronne ?

* * *

Avant d'être présentée comme un modèle de vertus chrétiennes et religieuses, la petite espiègle de la rue de Verneuil devra passer à l'école austère où elle apprendra ce qu'il en coûte à la nature de se plier aux exigences de la grâce.

Pour elle va commencer le rude apprentissage de la vie.

Ses parents se décident à se séparer de leur fillette, comprenant que l'atmosphère de la famille ne saurait suffire à son développement intellectuel et moral. Thérèse, dès l'âge de huit ans, est confiée, en qualité de demi-pensionnaire, aux Sœurs de Marie-Auxiliatrice qui dirigent le pensionnat de la rue de Maubeuge.

Cette Institution fut choisie de préférence à beaucoup d'autres similaires, en raison même de la parfaite éducation qu'y recevaient les jeunes filles qui la fréquentaient.

Ainsi transplantée dans ce parterre où s'épanouissent, à l'ombre du sanctuaire du Sacré-Cœur de Montmartre, les fleurs les plus délicates, « l'enfant du miracle » bénéficie, pendant sept années consécutives, des précieux avantages que Dieu réserve à une élite.

Je ne m'étonne pas d'entendre celle qui sera un jour Mère Marie-Berchmans s'écrier :

« Sept années d'abondance, fécondes en bénédictions ; sept années de divines grâces ! Soyez-en mille et mille fois remercié, ô mon Dieu ! »

* * *

Heureux les parents qui s'inspirent des lumières de la foi pour assurer à leurs enfants le bienfait d'une éducation chrétienne ! Ils se préparent des joies très douces et des consolations abondantes pour la vie !

Plus heureux les enfants accueillis au seuil de leur existence par des anges visibles, qui guident leurs pas incertains dans la voie du véritable progrès !...

Les débuts de la nouvelle pensionnaire lui sont facilités par sa « gentillesse ». Elle a si bien profité des leçons maternelles ! Tout de suite on admire son application au travail, ses bonnes manières, la supériorité de son intelligence, sa franche gaieté. Elle conquiert les premières places dans les concours et les compositions. Ses belles aptitudes, son ardeur à l'étude lui assurent d'emblée le succès. « Plus jeune de deux ans que ses compagnes de classe, dit l'une de ses maîtresses, Thérèse Duquesne n'en fut pas moins, jusqu'à la fin, l'émule toujours victorieuse. » Charmante enfant, au physique comme au moral, elle ne tarde pas à jouir de l'estime des Mères et de la sympathie des élèves.

A cet âge où les défauts constituent principalement la personnalité, il n'est pas rare qu'on ignore les qualités foncières qui permettent d'augurer ce que sera l'avenir.

Est-ce qu'une jeune débutante, à dix ans, connaît le prix de la vertu solide et le sérieux de la vie ?

On ne nous dit pas que Thérèse a été une pensionnaire modeste, douce, pieuse, édifiante...

Jusqu'alors n'avait-elle pas trouvé commode de se laisser choyer et d'esquiver tout effort ?

Peu soucieuse de mortification, elle n'aimait pas les contraintes ni les sacrifices. C'est ainsi que, plus jeune, sur l'injonction de se mettre à genoux pour la prière du soir, elle avait répondu à sa mère : « Ça m'ennuie. »

A la pension, mêmes répugnances d'abord pour la discipline et l'observation du règlement : « Ça m'ennuie ! »... Si bon que l'on fût pour elle, à l'affection qu'on lui témoignait, ne préférait-elle pas les gâteries de la vie de famille ?

Son entrain semblait même paralysé par des vagues de mélancolie. Pétillante d'esprit, elle laissait échapper, en se jouant, des fusées de langage ; puis, on s'étonnait de la voir taciturne et silencieuse.

Etrange mentalité, semble-t-il, énigme indéchiffrable d'une nature exubérante à ses heures ! L'œil vigilant d'une maîtresse, attentive à développer les qualités naissantes de l'élève, sait discerner l'or pur parmi les scories qui le dérobent aux regards...

Grâce à une sage direction, peu à peu l'attitude de l'écolière se fixe dans la droiture et la régularité. Sa volonté s'assouplit, son cœur s'ouvre à de nobles aspirations, ses défauts s'atténuent.

Dès lors, il est facile de constater, au fond de cette âme, sous une écorce un peu rude, la douce humilité, qui sera la vertu caractéristique de toute sa vie.

* * *

Dans les écrits des saints, combien se plaisent à faire remonter aux suaves intimités de la première Communion l'appel du divin Maître, confondant en un même souvenir leur première rencontre eucharistique et l'éveil de leur conversion, voire même de leur vocation !

Thérèse, âgée de 11 ans, fut admise à ce grand

acte le 27 mai 1880. La cérémonie eut lieu très solennellement dans la chapelle de Marie-Auxiliatrice. Une retraite préparatoire y fut prêchée par un religieux de la Compagnie de Jésus. La jeune pensionnaire en suivit les exercices avec une piété remarquable, « avec une ferveur extraordinaire », observe Mère Marie-Augustine. « Chargée de la direction des élèves, je puis dire que Thérèse a fait preuve d'un parfait recueillement. Ce n'est pas la piété d'une enfant de onze ans. Cela dépasse de beaucoup ce que j'ai vu jusqu'à présent. »

L'action de la grâce a été manifeste en cette première rencontre du Cœur de Jésus et de l'âme de Thérèse.

Qui dira le secret de ce changement qui, dès lors, s'opère dans la conduite de l'adolescente et laisse en sa jeune âme une empreinte ineffaçable ?

« Ce que nous savons, déclarent ses maîtresses, c'est que, à partir de ce jour, Thérèse a aimé passionnément l'Hostie et qu'elle a considéré comme le plus grand bonheur de pouvoir s'approcher le plus souvent possible de la sainte Table. »

Le souvenir de cette journée printanière restera profondément gravé dans le cœur de celle qui entendit alors la voix douce et tendre du Bien-Aimé l'inviter aux joies délicieuses de l'éternel amour.

Est-ce là un prodige de sanctification qu'il plaît à Dieu de réaliser en faveur de ses privilégiés ?... Il ne s'agit pas, croyons-nous, d'une faveur extraordinaire qui soudain dissipe les ombres, déchire les voiles et fait resplendir l'éblouissante Beauté.

Le contact eucharistique n'opère pas précisément de tels miracles. Il distille petit à petit dans l'âme fervente un mystérieux attrait qui la transporte dans le domaine des contemplations surnaturelles.

Ainsi prévenue des bienfaits de la grâce, l'âme se dégage des attraits du monde, s'élève au-dessus des « fascinations de la bagatelle » et oriente son essor vers les radieux horizons de la vie chrétienne.

Quoi qu'il en soit, la jeune pensionnaire se voit entourée, de plus en plus, de l'estime de ses maîtresses et reçoit de la part de ses compagnes tant de témoignages de sympathie qu'elle craint d'en ressentir de l'orgueil. Pour donner le change et conserver sous le voile de l'humilité son cher trésor, elle affecte, dirait-on, une sorte d'originalité de langage et d'attitude qui lui attire des réprimandes.

Sa mère lui reproche une curiosité avide de tout voir et de tout savoir : « Entrer avec elle dans un magasin, dit-elle, est chose plus facile que d'en sortir. »

Son goût pour la toilette inspire des inquiétudes à Madame Duquesne : « Qu'en ferons-nous quand elle aura quinze ans ? »

Le temps des vacances est consacré plus particulièrement à la visite des monuments, des musées, des objets d'art, de toutes les splendeurs que recèle la capitale.

Tant et si bien qu'à la pension, ses compagnes lui prêtent volontiers des arrière-pensées d'amour-propre et de vanité ; elles lui reprochent ses taquineries et ses excentricités. Pour se venger de l'ascendant qu'elle prétend exercer sur les autres, une de ses cousines, élève comme elle à Marie-Auxiliatrice, ne lui ménage pas les humiliations : « Voyons, Thérèse, ne fais donc pas *ta Sophie !* » Ou bien on fait allusion à sa petite taille et l'on a du plaisir à la voir se hausser sur la pointe du pied et à l'entendre dire : « Je suis dans la bonne moyenne. »

« On lui avait tant de fois répété, en ces années d'adolescence, qu'elle était orgueilleuse, écrit Mère Marie-Joséphine, qu'elle en fut réellement convaincue toute sa vie. Quatre ans avant sa mort, devenue un modèle d'humilité, elle m'avouait ingénuement : « Avec la grâce de Dieu, « j'espère arriver à la pratique de certaines « vertus, mais à l'humilité... jamais ! » — « Pourquoi donc ? lui dis-je. — Comment, vous ne vous souvenez donc plus du petit « paon » de la rue de Maubeuge ? » — L'immense chemin parcouru, elle semblait l'ignorer ! Ayant eu le bonheur d'entrer au Noviciat de Marie-Auxiliatrice avant Thérèse, je la perdis de vue. Lorsque je la retrouvai, en 1894, quoique avertie du changement survenu, il me fut absolument impossible de la reconnaître. J'avais laissé une petite Thérèse réputée fière et vaniteuse, et j'étais en présence d'une religieuse au visage empreint de modestie, à l'attitude imposante et recueillie : un inaltérable sourire révélait tout son bonheur, et aussi le désir cher à son cœur : donner de la joie à tous ceux qui l'entourent. »

II

La jeune fille.

SOMMAIRE. — « Elle a tout pour plaire. » — Brevet supérieur. — Thérèse et Geneviève. — La vie au grand air. — Heureux débuts. — « A quoi bon se singulariser ? » — Le *Journal* de Thérèse. — Ses sentiments intimes. — « Cela me fait horreur. » — Enfant de Marie-Auxiliatrice. — Son unique amour. — « Comme les autres. » — Boute-en-train.

PARVENUE au terme de ses sept années d'études, couronnées par un brillant succès aux épreuves du brevet, Thérèse Duquesne dut quitter, non sans regrets, son cher couvent. Au lieu d'entrer dans le monde, elle eût préféré suivre l'attrait de son cœur pour la solitude et consacrer à Dieu les prémices de son adolescence.

Ses parents ne partageaient pas du tout sa manière de voir. Il leur tardait de jouir des avantages dont leur fille aînée avait fait l'heureuse acquisition à la rue de Maubeuge. Sous l'habile direction des Religieuses de Marie-Auxiliatrice, elle avait dépouillé les défauts de l'enfant pour se revêtir des qualités que procure une excellente éducation. A seize ans, elle se faisait remarquer par ses grâces juvéniles et ses dehors d'exquise politesse.

Des traits délicats, un profil bien dessiné, une figure fine et agréable, des yeux clairs et vifs, un sourire habituellement épanoui sur ses lèvres : tout cela donnait à l'ensemble de sa physionomie une rare distinction. Svelte et bien prise dans sa taille, elle présentait en sa personne et en sa démarche ce charme exquis dont le monde fait si grand cas. « Elle a tout pour plaire, » disait-on à Madame Duquesne justement fière de sa Thérèse. De sorte que les plus beaux rêves d'avenir favorisaient déjà de douces illusions. N'était-il pas permis d'espérer que ses talents et ses aptitudes atteindraient un jour leur complet épanouissement dans la société parisienne ?

Disons tout de suite que la féerie des frivolités terrestres ne devait pas capter ses préférences.

A cette heure, elle n'a d'autre souci que celui de compléter ses connaissances acquises, en se préparant, par ses propres moyens, aux examens du brevet supérieur. Ce lui fut une excuse pour esquiver les invitations du dehors. Elle ajouta même à ce travail personnel la charge quelque peu laborieuse d'instruire elle-même sa petite sœur dont elle désirait façonner l'esprit et le cœur.

Geneviève fut donc confiée aux soins de son aînée. C'est ainsi que l'insouciante et joyeuse écolière de la veille devenait à son tour l'ange gardien d'une âme toute neuve... Excellente méthode de formation pour une adolescente qui accepte le poids d'une telle responsabilité. Rien ne vaut pareil apprentissage pour s'exercer soi-même à la connaissance du cœur humain, avec ses dangers, ses besoins et ses misères.

* * *

Qui a fait cette remarque : « Une sœur est une amie donnée par la nature » ? Oui, elle l'aime, cette petite Geneviève dont la naissance lui a causé tant de joie ! Désormais, et jusqu'à son dernier soupir, celle-ci sera pour elle l'objet de la plus tendre affection fraternelle.

Sans plus tarder, elle se fait un règlement de vie dans lequel entre pour une large part le temps consacré aux leçons à donner à la benjamine. De ce règlement sont exclues les heures d'agrément, de promenades, de parties de plaisir.

Le foyer familial devient un sanctuaire où le travail n'est interrompu que par la prière. Pas une seule parcelle des journées de la semaine n'est sacrifiée à l'oisiveté. Il en résulte que cette période de dix-huit mois aboutit, d'une part, au brevet supérieur, et, d'autre part, à l'avancement de l'élève dans la voie du progrès.

Outre ce double but atteint, Thérèse envisage d'autres conséquences non moins avantageuses. D'abord elle a fortifié sa volonté dans l'accomplissement d'une tâche ardue, puis elle a pris goût à son rôle d'institutrice et a déployé dans cette mission une activité qui décuple son courage. Elle s'est initiée à des habitudes d'ordre, de régularité, de silence...

Elle constate aujourd'hui que tout ce qui fait une ombre naturelle, dans une vie retirée, n'est souvent qu'un voile derrière lequel Dieu cache le secret de ses tendresses et l'abondance de ses dons.

* * *

Ils s'étaient donc trompés, ceux qui avaient redouté pour Thérèse la vie au grand air. Contrairement aux vagues appréhensions formulées sur son compte, elle se montre, dès sa sortie de pension, avide d'oubli et d'obscurité, elle pratique l'*Ama nesciri* de l'*Imitation*, elle se plaît à être inconnue et comptée pour rien.

Il est évident, pour quiconque observe le travail de la grâce dans une âme docile aux inspirations de l'Esprit-Saint, que la future épouse de Jésus-Christ avance à grands pas vers les cimes de la perfection chrétienne.

Ses progrès s'accentuent de jour en jour, si bien que Madame Duquesne se perd en conjectures et se demande ce que signifie une attitude si opposée à la conduite ordinaire des jeunes filles de dix-sept ans. Les mères ont des intuitions qui ne les trompent pas.

Elle en fait la remarque à son mari :

« Un tel mysticisme dénote une mentalité étrange... Thérèse vient d'atteindre sa dix-septième année. Le moment est venu de l'introduire dans le monde qu'elle ignore. »

Ce qu'on écarte comme la menace d'un irréparable malheur, c'est la perspective d'une séparation. La pensée que la jeune fille aspire aux austérités de la vie religieuse devient pour le père et la mère un douloureux cauchemar.

Plutôt tous les sacrifices imaginables que cette vocation qu'il s'agit de contrecarrer à tout prix.

Dès lors éclate entre la nature et la grâce ce long duel qui va nous montrer une âme généreuse aux prises avec le démon, le monde et les passions.

Les péripéties de cette lutte ne manquent pas d'intérêt. Les principales phases en ont été consignées dans un JOURNAL écrit au jour le jour par notre « héroïne ». Ce terme n'est pas exagéré, croyons-nous. Le lecteur en jugera lui-même après avoir parcouru les citations qui vont suivre.

Ne faut-il pas une grande fermeté d'âme, une force étonnante de caractère, un courage inébranlable, pour triompher d'une coalition acharnée contre la faiblesse sans défense ?

* * *

C'était au soir du 29 novembre 1885. Au centre de Paris splendidement illuminé, tandis que la foule se précipite sur toutes les avenues en fête et que, dans la rue, fusent les éclats de rire d'une jeunesse avide de plaisirs, seule dans sa chambrette, Thérèse ne songe qu'à ses devoirs d'Enfant de Marie. Le monde sourit à ses dix-sept printemps et l'appelle à ses joies, mais elle en devine les périls et se soustrait à son emprise. Vainement sa famille lui propose de suivre la voie large et facile qui conduit au bonheur. Elle n'a qu'à tendre la main pour recueillir l'opulence, mais elle dédaigne les biens périssables de la terre, comme elle méprise les vaines réjouissances du siècle.

Autant il lui serait aisé de prendre part aux réunions mondaines, autant il lui est difficile de manifester en public son désir de plaire à Dieu. Une « chaîne dorée » fixe sa barque au rivage : impossible d'aller au large. Sa piété filiale l'empêche de retourner, aussi souvent qu'elle en éprouve le besoin, dans l'humble chapelle de la rue de Maubeuge ou dans l'église de sa paroisse. Les exercices religieux lui sont interdits..., comme incompatibles avec ses devoirs d'état.

En réalité, ses parents ne tolèrent pas ce qu'ils appellent « une bigoterie souverainement déplacée ».

Ils ajoutent :

« A quoi bon se singulariser ? Fais comme les autres. Tu sais bien qu'on te reproche ton originalité et tes exagérations. »

En d'autres termes, dans le monde, il a toujours été de bon ton de taxer de « folie » ce qui n'est, aux yeux de la foi, qu'une éminente sagesse.

Que va faire notre recluse ? Pour se dédommager de la privation d'un guide expérimenté, auquel elle serait heureuse de demander conseil, elle a recours à un pieux stratagème. Elle imagine un confident, témoin de ses pensées les plus intimes, de ses souffrances, de ses déceptions et de ses aspirations. Elle écrit, jour à jour, les impressions qui l'émeuvent, les événements qui l'intéressent et les réflexions que lui suggère l'examen de sa conscience.

* * *

Le Journal de Thérèse débute par un aveu qui porte le cachet d'une naïve simplicité :

« Je voudrais que ces pages, écrites pour Dieu seul, me soient un réconfort aux heures sombres où ma faiblesse aura besoin de s'appuyer sur la force divine. »

Tantôt son âme exhale une plainte douloureuse et tantôt un cri d'amour :

« O mon Dieu, que vous êtes méconnu, insulté, outragé par vos créatures !... Dans le monde, c'est partout l'indifférence et l'impiété ; la soif des richesses, des plaisirs et des honneurs ; la recherche effrénée du bien-être et des affections sensuelles... Que les autres vous oublient pour adorer des idoles, votre pauvre petite fille vous donne son cœur ; venez-y régner en souverain ! Ce cœur est vide, je n'ai jamais aimé aucune créature et je vous promets de n'aimer que vous seul ! »

A lire ces notes jetées hâtivement sur le papier, on s'étonne d'y trouver, à chaque page, des considérations fort judicieuses sur les grandes misères qui constituent le fond de la pauvre humanité.

Elle observe que l'ignorance est une des causes principales de l'irréligion. Les intelligences s'égarent dans les ténèbres, loin des lumineux horizons des vérités surnaturelles. De là, tant de fautes commises sans remords. Malgré les amusements factices des mondains, la souffrance les étreint de toutes parts, sans profit pour leurs âmes enténébrées et privées du bonheur que donne la vertu.

Elle-même a besoin d'une foi plus vive ; elle implore la lumière et l'amour. Puis ce sont de sa part des aveux craintifs. Sa volonté ne sera-t-elle pas infidèle à la grâce ?

Seigneur, votre humble servante a juré à vos pieds de ne jamais aimer que vous. Hélas ! j'ai peur, je tremble parfois au milieu du monde. Ma faiblesse est si grande ! Mais vous pouvez tout, soyez ma force, éclairez-moi, éloignez de moi ce qui pourrait me distraire de votre sainte présence ! Oh ! je vous en supplie, gardez votre enfant : son seul et unique désir est de vous plaire, d'être à vous sans réserve et sans partage. Jésus, mon Jésus, prenez à jamais possession de mon cœur. Enrichissez-le de votre amour... »

Ce sont parfois des protestations énergiques comme celles-ci :

« Oh ! le monde, le monde, comme je le hais ! Il ne comprend rien aux nobles sentiments. Pour lui tout se résume dans l'amour bestial. Il ne rêve que plaisirs et vanités... Plaisirs et vanités, tout cela passe et disparaît comme la feuille d'automne que le vent emporte dans la boue... Que je sache profiter du temps qui fuit rapide et s'écoule comme le flot, car la mort viendra bientôt ! »

* * *

D'un bout à l'autre de son Journal, Thérèse exhale son dédain pour les choses caduques et périssables qui fascinent les mondains. Elle s'attriste à la pensée que l'amour de Dieu diminue dans les âmes et les laisse désemparées à l'heure de l'épreuve :

« Que de cœurs broyés, meurtris et désespérés en ce monde ! Que je plains cette pauvre mère affligée d'un deuil cruel ! Elle a perdu son enfant, elle se demande pourquoi ce malheur qui brise son existence ? Pas un rayon de foi n'éclaire son âme. Elle ne sait que maudire le destin qui l'a frappée... J'ai beau lui parler du ciel et de nos sublimes espérances ; elle ne veut rien comprendre... Pauvre cœur sans foi, sans amour !... Mon Dieu, soyez béni et remercié mille fois de mettre sous mes yeux le spectacle des misères qui affligent les mondains !... »

Sans cesse elle a l'occasion d'exprimer son mépris pour les frivolités du siècle. Il lui en coûte de prendre part à ses réjouissances qu'elle trouve « viles et coupables » ; elle souffre le martyre chaque fois que l'obéissance la contraint d'aller au théâtre ; la mode avec ses caprices, loin de la séduire, lui fait pitié :

« Ce soir, en travaillant avec maman, j'ai failli dépasser la mesure ; je trouve toutes ces futilités de toilette si fastidieuses que je n'ai pas pu m'empêcher d'en rire. Tout cela est ridicule. Et dire que c'est là l'occupation principale des personnes de mon âge et de ma condition ! A l' « *unique affaire* » nul ne songe... Etrange folie ! »

* * *

L'ombre du mal qui pourrait l'envelopper malgré elle, lui fait peur. Saisie d'effroi, elle se jette au pied de son crucifix, et là, elle s'écrie :

« Arrière, Satan ! Laisse-moi toute à Jésus... O mon âme, souviens-toi que demain tu peux paraître devant Dieu et être jugée ; souviens-toi. mon corps, que demain tu peux tomber en poussière et devenir la pâture des vers et la corruption du tombeau... Je mourrai, je mourrai bientôt, répète ces mots, Thérèse, et comprends bien que tout est vanité sur la terre. »

Plus jeune, nous l'avons dit, pensionnaire à la rue de Maubeuge, Thérèse aimait à folâtrer dans les rues de Paris. Insouciante et ingénue, elle se plaisait à voir et à admirer les curiosités de la capitale. Courir çà et là, visiter les monuments, contempler devant chaque étalage les richesses exposées derrière les vitrines, s'emplir les yeux et l'imagination des curiosités qu'on rencontre dans toutes les rues : c'était là son meilleur passe-temps aux jours de sortie ou pendant les vacances.

Aujourd'hui, il n'en est plus de même. Le Paris pimpant et fascinateur la laisse indifférente. Elle évite toute occasion de se produire dans le monde ; une invitation à sortir la contrarie, elle ne cache pas sa peine d'être obligée d'accompagner sa famille au théâtre. Bref, une chose l'offusque, c'est que, dit-elle, « de quelque côté qu'on se tourne, on trouve toujours l'exhibition du vice impur et cela me fait horreur ».

Après l'une de ces excursions, elle se demande si le bon Dieu n'a pas été offensé :

« Je voudrais mourir pour ne plus être exposée à commettre une faute. Sans doute, j'irai en purgatoire ; là, du moins, j'aurai la certitude de ne plus faire de la peine à mon Dieu. »

Dans une méditation sur le péché, elle note ses impressions :

« Quelle triste histoire que celle du reniement de Pierre ! Lui, qui avait juré de suivre Jésus, de le suivre jusqu'à la mort, déclare quelques heures plus tard qu'il ne le connaît pas... O fragilité humaine ! Que nos serments signifient peu de chose ! N'ai-je pas lieu de craindre, moi aussi ? Quand à vos pieds, Seigneur, je vous promets d'être à vous, de n'aimer que vous, il me semble être sincère. Et il suffira peut-être d'une voix plus misérable que celle d'une servante pour me faire oublier votre présence et mes engagements. Je vous entends me dire à l'oreille, à l'heure du danger : « Ne songe pas à plaire au monde, pense uniquement à Jésus qui te voit. » Oui, oui, j'espère ne pas défaillir car je suis l'enfant de Marie-Auxiliatrice... »

* * *

Enfant de Marie-Auxiliatrice !... C'est la première fois que cette expression se présente sous sa plume. Est-ce un souvenir du passé ? Est-ce une prévision d'avenir ?

La période qui va suivre, période d'attente dont plus d'une âme, entravée dans ses désirs, a connu le malaise, ne fut point pour Thérèse du temps perdu. Nous allons la suivre dans sa marche ascensionnelle vers les sommets.

« Ceux qui n'aiment pas Dieu doivent être bien malheureux, écrit-elle, car pour moi je trouve tout mon bonheur dans cet amour. Aussi, quand une pensée étrangère voudrait détourner mon cœur de lui, le divin Maître, je la repousse bien vite et je baise mon crucifix avec plus de ferveur, lui demandant la grâce de ne jamais aimer que lui.

« Oh ! que je serais heureuse d'habiter sous le même toit que lui, d'aller plusieurs fois par jour lui dire mon amour et lui demander pardon. Je voudrais lui appartenir parce que je sens bien que là seulement est mon bonheur... Si seulement je pouvais faire la sainte communion tous les dimanches !... »

Madame Duquesne, encore quelque peu imbue des idées jansénistes, s'opposait formellement à ce désir de sa fille et s'offusquait même, au point d'en être scandalisée, qu'on pût prétendre, avec des défauts comme ceux de Thérèse, recevoir la visite de Jésus plus d'une fois chaque année. Elle se faisait à elle-même un cas de conscience d'éloigner les autres de la sainte Table et de ne communier qu'à Pâques humblement.

De là ces aveux d'une tristesse facile à comprendre :

« J'ai besoin d'écrire ; je m'ennuie ! Triste mot que celui-là. Il y a huit jours que je n'ai ouvert ce cahier, c'est que je n'en éprouvais nul besoin. J'avais reçu dimanche le Dieu qui console et fortifie. J'avais senti près de mon pauvre cœur le doux Ami. Je l'avais prié de me donner du courage pour me vaincre ; il m'a exaucée. Je ne me suis pas fâchée de la semaine, j'étais si heureuse... Oh ! si je pouvais communier plus souvent, je serais bonne. Je suis méchante quand je suis contrariée... Pourtant non ! Du courage, mon âme !... J'ai commencé à reparler durement à Geneviève, ce soir, et je ne sais pas céder à maman sur ces questions de toilette qui m'ennuient au suprême degré. Je fais l'indifférente et cela mécontente maman : « Il faudrait être comme les autres, » me répète-t-elle... Etre comme les autres, je ne le puis. Je me sens faite pour être à Dieu et non au monde... »

Et cette exclamation :

« Que de sentiments contraires s'agitent en moi ! Je voudrais toujours prier, je ne suis heureuse que comme cela ; et cette après-midi j'oublie la sainte prière pour faire une aquarelle : folle que je suis d'aimer si peu ! Je devrais, étant privée du grand sacrement qui donne la force, aller la chercher dans une prière fervente. O mon Sauveur, je m'humilie à vos pieds et je vous conjure de me pardonner. Je veux prier ce soir. »

Comme le prisonnier dans son cachot compte les jours qui le séparent de l'heure bénie où il jouira enfin de la liberté, ainsi notre « captive en sa geôle » soupire après l'heureux moment où il lui sera donné de prendre part au banquet eucharistique :

« Encore deux semaines et deux jours avant de recevoir mon Dieu. Pour me distraire de mes ennuis, j'ai choisi un mauvais moyen : j'ai relu *Eliane*, de Madame Craven. Parvenue à la fin du volume je conclus que j'ai eu tort. « Eliane sentit que les beaux jours de la jeunesse, de l'espérance et de l'amour étaient revenus. » — Oh ! Madame Craven, vous étiez pieuse et vous admettiez le bonheur d'une créature par la possession d'une autre créature ! Erreur ! J'ai dit et répète : Non !... Jamais je n'aimerai que mon Jésus... Pour lui seul, je veux vivre. »

« Pour lui seul, je veux vivre. »

Voilà bien, à mon avis, le dernier mot d'une âme saintement et irrévocablement éprise d'un sublime idéal.

* * *

Ce qui précède pourrait faire croire que la piété de Thérèse a quelque chose de farouche. Il n'en est rien. Sous des dehors réservés et modestes, se cachent une franche gaieté, un esprit pétillant, un cœur d'or. On lui reconnaît en société un talent remarquable de boute-en-train. Dans les réunions, les soirées de famille et même dans les salons du monde, elle excelle aux jeux d'esprit, elle a le secret de ces mots, de ces réparties primesautières qui amusent, intéressent, provoquent le rire et dérident tous les fronts.

Souvent même elle doit se reprocher, dans ses confidences intimes, d'avoir dépassé la mesure jusqu'à friser la dissipation, quand la compagnie, exaltée par ses récits ou ses chants, l'acclame avec enthousiasme. Cette joyeuse exubérance de bon aloi fait plaisir à la famille. Sa mère surtout l'excite à se montrer toujours et partout rayonnante de belle humeur pour égayer les autres et s'attirer des compliments.

« Quand je parle, on rit trop », écrit-elle laconiquement.

A lire certaines de ses réflexions, il est aisé de se rendre compte de sa tournure d'esprit naturellement caustique :

« N'ai-je pas manqué de charité envers Constance ? Entre elle et moi pourquoi si peu d'amitié ? Sans doute, en raison de la différence de nos sentiments. Ma jolie blonde, avec sa robe de soie bleu-pâle et son grand chapeau à plumes, a toutes les manières du beau monde. Soyez admirée, je ne vous dispute pas cet honneur, Constance. Et je veux prier pour vous ce soir, au lieu de hausser les épaules : cela sera plus chrétien. »

Elle ne serait pas fille d'Eve, si elle-même ne se surprenait à faire risette à la coquetterie :

« Quelquefois, en passant devant la glace, j'ai la vanité de me trouver gentille. Alors je ferme les yeux et je pense que cela ne me sert à rien. Que j'aimerais couper toutes mes frisures et entourer ma tête d'un voile ! »

« Entendre parler chiffons m'énerve ; je suis plus contente quand j'épluche mes légumes. »

III

Excelsior !

Sommaire. — Ombres et clartés. — Toujours mieux. — « Un peu de coquetterie. » — Aveux et résolutions. — Sévérités maternelles. — Soirées mondaines. — Arromanches. — Désirs de solitude. — Attraits vers le tabernacle. — Blancheur du lys. — Soif d'immolation. — Privations pénibles. — « Que je sois une victime immolée ! » — Au-dessus de la souffrance.

Le journal de Thérèse met en lumière ses belles qualités d'esprit et de cœur ; il nous révèle surtout deux vertus qui, sous une forme exquise et délicate, s'imposent à notre admiration.

« Apprenez de moi que je suis doux et humble de cœur », a dit Jésus [1]. Par ces simples paroles, le divin Maître a suscité des légions d'âmes éprises de cet idéal, et qui ont subi, à travers les siècles, le charme irrésistible et les puissants attraits de l'incomparable Modèle.

La douceur suppose une bonté suave, affable, attrayante, qui gagne aisément tous les cœurs.

[1] *Discite a me, quia mitis sum et humilis corde* (Matth., xi, 29).

L'humilité plaît à Dieu et aux hommes. La sainteté a d'autant plus d'éclat, la vertu d'autant plus de rayonnement, que les ombres de l'humilité l'environnent.

Assurément, les ombres ne manquent pas au portrait que nous esquissons, qu'elles proviennent de la jeune fille ou des siens...

Pour forger une âme, Dieu laisse ordinairement agir les causes secondes. Qui ne voit que l'écorce des choses en peut être blessé.

Au reste, il suffit à Thérèse d'avoir l'intelligence, le courage et la prière, pour se guider au milieu du dédale des difficultés de sa situation. Elle recommence chaque jour le même travail sans murmurer, sans se plaindre ni des créatures ni des événements. A la merci des autres, elle s'efforce, en tout et partout, d'aimer Dieu pardessus toutes choses.

S'il lui arrive d'exprimer des craintes, quand elle cherche à démêler le fil conducteur de la volonté divine entre ces causes secondes dont dépend son avenir, jamais les sentiments de son cœur ne varient. Ce cœur est un vase de cristal où elle garde le trésor d'une pureté virginale, et cette vertu si belle, si délicate et si rare, elle n'a pas de peine à la préserver de l'atteinte des orages qui n'éclatent pas d'ordinaire sur les sommets où elle habite. N'est-elle pas à la tâche du matin au soir ? Ses moments de répit laissés par le travail, elle les consacre à la méditation dans sa chère solitude. Celui qui lit au fond des cœurs sait comment il faut juger.

***

L'humble enfant ne se flatte pas, lorsqu'elle écrit d'elle-même dans son JOURNAL :

« Je connais une jeune fille de dix-huit ans que le bon Dieu a aimée d'une prédilection spéciale, l'a choisie de bonne heure et l'a conduite à l'abri des dangers du monde, dans une paisible solitude où elle a été comblée de grâces. Enfant de Marie, elle a reçu de sa céleste Mère d'innombrables témoignages de tendresse. En un mot, toute sa vie, cette jeune fille a été la privilégiée du Sacré-Cœur... Ne devrait-elle pas se montrer reconnaissante et employer son temps à l'action de grâces ? Ce devoir s'impose à elle strictement, car elle a des lumières sur le néant des vanités passagères et se sent attirée vers les réalités éternelles. Elle affirme que son cœur ne goûte que le seul amour véritable... Aimer Jésus, c'est tout son bonheur... Et cependant, son extérieur trahit de vilains défauts que son entourage juge sévèrement... Il lui manque surtout les deux vertus chères au divin Cœur de Jésus : l'humilité et la douceur. Elle est hautaine, susceptible, s'irrite facilement, malmène sa petite sœur et offense ainsi le bon Dieu... Seigneur, Seigneur, pitié ! pardon ! »

* * *

Les premiers vendredis de chaque mois, Thérèse s'impose une journée de retraite pour mieux connaître ses défauts et s'exercer à les corriger. Elle se recueille dans la prière, examine sa conscience, inscrit dans son *cahier de notes* le résultat de ses efforts, le bilan de ses défaites ou de ses victoires :

« Quel vilain caractère ! A tout propos je manifeste ma mauvaise humeur. J'ai peine à supporter les observations, je réponds vivement ou je pleure... Cela ne peut pas, ne doit pas durer. »

Elle prend de nouvelles résolutions d'humilité et de douceur, puis, quelques jours plus tard, elle écrit :

« A quoi me sert de prendre des résolutions si je ne les tiens pas ? Toujours brusque et entêtée ; je suis décidément incorrigible..., et la plus détestable des créatures. Cela tient à ce que je manque de courage pour accepter les sacrifices... Malgré mes dix-huit ans je ne me reconnais pas une vertu plus solide que lorsque j'étais une petite fille... »

De durs sacrifices lui sont imposés par les siens. Ils exigent que la jeune « entêtée » se dispense d'affecter des airs de « novice », et qu'elle prenne part aux divertissements du monde.

Il ne faut pas voir pourtant, dans les rigueurs

d'une telle attitude, autre chose qu'un très vif désir de préparer une belle situation à celle dont on admire les charmes et pour laquelle on rêve d'un brillant avenir.

Mais Thérèse a trouvé ailleurs un secret de paix et de sérénité, et sa conscience se cabre dès que des propositions contraires à ses vues lui sont faites.

Nos croix les plus lourdes viennent souvent de ceux qui nous aiment le plus au monde, sans faute de leur part, et par le fait brutal des circonstances.

* * *

Un simple incident lui suggère de sérieuses réflexions :

« C'était au cours d'une promenade sur la grève. Nous marchions en groupes le long de la falaise sur le sable mouillé. On s'amusait comme des enfants à regarder l'empreinte du pied de chacun. Naturellement, c'était à savoir qui aurait le plus petit pied..., et nul ne prétendait le céder à personne. — Que ces dames sont coquettes ! m'écriai-je. Pour moi, j'avoue bien franchement que je n'ai pas le pied mignon... — Ton affectation de ne pas être coquette, répliqua ma tante, est bien, si je ne me trompe, un peu de coquetterie. » J'avoue que cette observation justifiée me fit rougir en me mortifiant...

« Depuis lors, cette parole m'est souvent revenue à la pensée, et je constate que ma vanité consiste dans une originalité plus détestable cent fois que la coquetterie des jeunes filles de mon âge. Je veux paraître autrement que les autres, je veux me faire remarquer en parlant comme une sotte à tort et à travers. C'est un défaut dont le principal résultat est de me répandre au dehors et d'oublier la présence de Dieu. »

« Oui, je suis vaniteuse, ajoute-t-elle, je le sais et je cherche un appui autour de moi pour m'aider à triompher de ce vilain défaut. Personne pour me soutenir sur le chemin de l'humilité. Ah ! si seulement je pouvais m'approcher plus souvent de Celui qui a dit : « Apprenez de moi que je suis doux et humble de cœur ! » Mais je suis trop souvent privée de la communion, mon unique trésor et la source du vrai courage. »

Une plainte s'exhale de son âme endolorie :

« Demain, 15 mars 1888, j'aurai dix-neuf ans ! Je suis une jeune fille, mais pour vous, ô mon Dieu, je veux être toujours votre petite Thérèse. Pardonnez-moi toutes les peines que je vous ai faites depuis que je suis au monde, et accordez-moi la grâce de n'agir que pour vous plaire au cours de cette vingtième année qui commence. A vous mon cœur, à vous mes pensées, mes paroles et mes actions ! Que mon seul plaisir soit de vivre dans votre intimité !... Hélas ! ma jeunesse s'écoulera-t-elle vide de mérites pour le ciel ? Mes défauts m'empêchent de progresser. Et, en attendant, je commets des fautes qui me désolent plus que je ne puis dire. Oh ! je me traînerai à vos genoux, Jésus, ayez pitié de moi ! »

* * *

De tels aveux se passent de commentaires. Sous le regard de Dieu, l'enfant de Marie-Auxiliatrice avance, sans s'en douter, dans la voie de l'abnégation et de l'humilité. La volonté de Dieu éclaire sa marche, et elle comprend que la vie ne nous est donnée que pour nous adapter à cette divine volonté. Dans les détails de ses comptes rendus, c'est la même note qu'on retrouve fréquemment. En termes voilés, elle déplore d'être assujettie aux ordres sévères qui lui interdisent l'accès de la Table sainte ; mais dans cette défense elle reconnaît le doigt de Dieu qui la veut de plus en plus dégagée de toute affection naturelle, de plus en plus débarrassée de toute imperfection. Tout en souffrant de son impuissance, elle s'humilie de ses faiblesses :

« Le monde est ainsi fait que, pour lui, avoir de l'esprit, c'est savoir se moquer de son prochain, s'amuser à ses dépens, ridiculiser ses travers..., et même déchirer la réputation des absents... On dit un mot piquant qui en entraîne d'autres, puis on a bientôt dépassé toute mesure ; on rit, on cause, on en arrive à ces coups de langue qui offensent Dieu et blessent la charité... N'ai-je pas à surveiller davantage mes expressions ? Ne m'a-t-on pas reproché jadis une propension à la taquinerie ?... En faisant mon examen de conscience, je me découvre chaque jour de nouveaux défauts... J'aurais mauvaise grâce à juger les autres. Qui donc a dit qu'un insatiable orgueil gît au fond de l'âme ?... Mon Dieu, donnez-moi la sainte humilité... »

Et cet aveu qui jaillit sous sa plume :

« Je viens de passer trois jours à Auteuil..., c'était fête, j'ai été d'une gaieté folle, et maintenant je me retrouve plus dégoûtée du monde que jamais. En moi, la nature et la grâce se livrent de rudes combats ; mais vous aurez la victoire, ô mon Dieu, parce que vous m'aiderez. »

Elle se rend compte que, pour avancer dans la vertu, il est absolument nécessaire de déployer toutes les audaces d'une volonté énergique en face des tentations que suscitent le monde et le démon ; mais elle sait également que sans la grâce il est impossible à la vertu de se maintenir.

***

L'astre rayonnant de la divine grâce irradie son cœur de douces clartés. Cette lumière silencieuse dissipe les obscurités que l'esprit du monde voudrait amonceler autour d'elle.

Un jour, il est question d'une fête profane à

laquelle est invitée la jeune fille. Elle doit y figurer pour faire plaisir à sa famille et à ses amies. Malgré ses vives répugnances pour ces soirées, elle devra se résigner à paraître. Impossible d'esquiver les exigences d'un milieu si peu conforme à ses goûts. Pourtant, un malaise survient à propos :

« Est-ce pour exaucer ma prière et protéger mon âme, écrit Thérèse, que vous permettez ce mal de genou ? Je voudrais souffrir assez pour trouver une excuse sans faire de peine à personne. Mais est-ce bien raisonnable ce que je demande en ce moment ?... Mon Dieu, pardonnez-moi et qu'en toutes choses votre volonté soit faite ! »

Quelques jours plus tard elle trace dans son JOURNAL les lignes suivantes :

« Eh bien ! non. Je n'ai pas été malade et le bon Dieu a jugé bon que j'aille dans le monde. C'est fini, maintenant, oh ! oui, c'est bien fini ! Et comme j'en suis heureuse ! Maman s'imagine que je me suis bien amusée. Maman a raison : je me suis bien amusée, si bien que jamais je ne voudrais recommencer. Voilà ce que le monde ne comprend pas et ce que je ne comprends que trop : là-bas, je m'amuse au milieu de l'éclat des fleurs et des lumières, dans une atmosphère de fol orgueil et de sensualité, parmi l'étalage du luxe et des conversations malsaines..., et les heures s'écoulent perdues pour le ciel... Quand je pense à toutes ces insanités, je suis confuse et navrée ; il me semble que je suis grandement coupable, je me jette à genoux au pied de mon crucifix, je demande pardon, je pleure... »

* * *

La famille Duquesne passait habituellement la saison des vacances au bord de la mer. La plage d'Arromanches, avec ses gracieuses sinuosités, son site enchanteur et ses reposantes solitudes, avait ses préférences. Là, Thérèse s'extasiait devant les beautés de la nature, et sa belle âme s'épanouissait naturellement au spectacle grandiose que son regard ne se lassait pas de contempler. C'était pour elle une occasion de louer Dieu et de le remercier de ses bienfaits.

D'ordinaire, la jeune « exilée » se montrait pleine d'entrain et de joyeuse humeur en compagnie des siens.

Cependant, il arriva qu'une parente, l'entraînant à l'écart, lui fit cette observation : « Ma petite Thérèse, vous avez un gros chagrin... Ne vous a-t-on pas vue pleurer ?... Il paraît que vous étiez triste et silencieuse... Contez-moi votre peine. » — « Et là-dessus, poursuit le JOURNAL, voilà qu'elle m'accable de questions... J'étais littéralement abasourdie et, certes, à cent lieues de comprendre... Elle me croyait triste, parce que, soi-disant, j'aimais quelqu'un !... Mon seul chagrin est de vivre dans le monde ; mon seul souci est de ne pas recevoir le bon Dieu aussi souvent que je le désire... Mais à quoi bon révéler mon secret à celle qui considère la vie comme une partie de plaisir ?... Et puis, qu'est-ce donc que l'amour humain qui n'a d'autre fondement que la vanité ? La créature oublie le Créateur pour adorer une idole. Pas de vertu possible, mais la satisfaction passagère de l'égoïsme. Là n'est ni l'honneur ni le bonheur. »

Autant que la chose lui était possible, elle se réfugiait dans l'église solitaire où elle passait les heures les plus délicieuses de sa villégiature :

« O silence, ô solitude, que je vous bénis des joies que vous me réservez en me permettant d'entendre la douce voix du Bien-Aimé ! Mon âme s'envole pure et joyeuse vers son divin Cœur. »

Parfois, elle émaille le compte rendu de ses journées de considérations poétiques :

« Tantôt les vapeurs et les nuages obscurcissaient à mes yeux l'azur du firmament et je me disais que, comme ces nuages, les misérables brimborions de la terre nous empêchent trop souvent de voir Dieu. »

Elle poursuit :

« Qui donc m'aidera, comme je le désire ardemment, à dissiper les brumes de ce monde, ces affections naturelles de la famille, pour qu'il me soit donné un jour de contempler le ciel dans l'extase d'un bonheur sans ombre ? Il faut, dussé-je mourir, retrancher de ma vie toute attache à la créature. »

* * *

En fait « d'attache à la créature », Thérèse avoue naïvement qu'elle appréhende d'aimer avec excès son père, sa mère et surtout sa petite sœur Geneviève. Au delà de ce cercle familial, parmi ses amies d'enfance ou les personnes de sa parenté, elle n'aspire qu'à exercer l'apostolat. Elle ne voit que des âmes à éclairer, à consoler, à rapprocher de Dieu. Tâche délicate et souvent épineuse. Pour s'en acquitter convenablement, elle continue de faire la guerre à ses défauts.

N'a-t-elle pas remarqué plus d'une fois, en donnant des leçons journalières à Geneviève, que, en maintes circonstances, elle a manqué de patience, de douceur ou de fermeté ? Elle brusque son élève, la reprend avec aigreur, lui signale certaines imperfections... Elle se reproche ses tristesses et ses découragements, son inégalité d'humeur et ses brusqueries, et, brochant sur le tout, son indomptable orgueil. En notant avec soin les mille détails qu'elle saisit sur le vif, elle analyse ses impressions et ses sentiments et en arrive à se juger sévèrement.

Par moments, le souvenir de ses chères maîtresses de la pension se présente à son esprit et provoque des élans de reconnaissance :

« J'étais si mauvaise au couvent et, malgré mes torts, on a bien voulu me supporter jusqu'à la fin ! »

Son intransigeance, en ce qui la concerne, n'étonnera pas quiconque a lu la vie de ces belles âmes dont le regard perçoit une poussière d'étamine sur la blancheur du lys.

* * *

« J'éviterai toute discussion, écrit-elle, car je constate que rien n'est plus opposé à la paix de l'âme. A quoi bon céder à l'emportement dans les paroles pour soutenir son opinion ? Il en résulte une agitation exagérée qui empêche le recueillement nécessaire à la réflexion, à la prière, à l'union avec Dieu. On s'expose en outre à manquer gravement à la charité. Il est si facile, dans le feu de la discussion, de laisser échapper un flot de paroles regrettables ! Enfin, l'orgueil y trouve son compte ; à tout prix on veut faire prévaloir son sentiment, on dédaigne l'appréciation et la manière de voir de ceux qui peuvent avoir raison... A l'exemple de Jésus qui « ne faisait jamais entendre l'éclat de sa voix », je m'efforcerai de me taire si quelqu'un me froisse en contrariant mes convictions, ou bien je défendrai la vérité avec calme et mansuétude. Pour que le démon de la colère n'entre pas dans mon cœur, j'y entretiendrai habituellement la douce et sainte présence de Jésus. »

Vivre en présence de Jésus, jouir de son intimité, le recevoir dans une fervente communion, puiser dans le Sacré-Cœur la plénitude de tout bien : tel est son seul désir.

Hélas! comment le réaliser quand l'autorité paternelle y fait obstacle ?

C'est là le tourment de sa vie. Elle ne voudrait pas désobéir à sa mère qui la retient, et en même temps une force surhumaine l'attire vers le tabernacle.

Entendez-la chanter le poème de ses délices et publier ses joies spirituelles, quand elle a le bonheur de recevoir Jésus-Hostie :

« Quelle bonne et douce et suave paix inonde mon âme! Je sens qu'en moi est venu par la sainte communion un bien ineffable. O mon aimable Jésus, comment vous remercier d'un tel bienfait ?... Je suis à vous ! Mon cœur vous appartient, ne permettez pas qu'il s'égare parmi les créatures... Ah ! si jamais je devais vous offenser, prenez-moi, de grâce, faites-moi mourir plutôt que m'arrive pareil malheur! »

Avec quelle ardeur ne soupire-t-elle pas après la venue du Bien-Aimé!

« Venez en moi, ô mon unique Amour, prenez possession de mon cœur. J'aspire à vous recevoir le plus souvent possible dans la sainte communion... En cette fin de décembre, ô Vierge Marie, aidez votre enfant à s'approcher avec ferveur du banquet eucharistique. Préparez vous-même mon cœur, comme en la nuit de Noël, vous avez préparé de vos mains les langes et la crèche de Bethléem... »

Communier : c'est sa pensée dominante, son rêve du jour et de la nuit, sa seule béatitude. En ses alternatives de calme et d'inquiétude, de crainte et de joie, une chose subsiste au fond de cette âme, et cette chose est tout ce qu'il y a de meilleur ici-bas : la paix de la conscience.

Quand il lui est donné de satisfaire son désir d'union avec le Cœur de Jésus, tout son être tressaille d'une sainte allégresse et elle traduit quelques-unes de ses impressions en ces termes :

« Il est en moi, je suis à lui... Oh ! mon Jésus, restez dans le cœur de votre petite servante. Ne lui enlevez pas son bonheur et ne permettez pas qu'aujourd'hui les pensées de la terre viennent la distraire de votre sainte présence... Il fait si bon, après la sainte communion, seule à seul avec le Bien-Aimé ! Pourquoi m'arracher à ce doux entretien ?... Le temps passe trop vite. Je voudrais arrêter l'horloge de l'église pour l'empêcher de sonner l'heure du départ... Rêve irréalisable. Le devoir m'appelle ! Du moins, ô Jésus, restez avec moi, inspirez-moi, fortifiez-moi, faites de moi une sainte... Et puis, Seigneur, ayez pitié de ceux que j'aime ; ayez pitié de ma famille... Afin que nous arrivions un jour au ciel, oui, je le désire si ardemment que je suis prête à donner mille fois ma vie pour obtenir cette grâce. »

Avec quelle sincérité, au sortir de la Table sainte, elle s'offre comme victime pour le salut des âmes :

« Frappez, Seigneur, frappez ! Que je sois une *victime sacrifiée* sur l'autel de l'immolation, pourvu que les âmes des pauvres pécheurs deviennent votre conquête pour le temps et l'éternité ! »

* * *

Est-ce à dire qu'elle échappe aux sollicitations de l'infernal ennemi des âmes ? Comme tous les vrais serviteurs de Dieu, elle est souvent en butte aux tracasseries du démon qui jalouse furieusement celle qu'il ne peut atteindre.

« Dire ce que je souffre parfois, écrit-elle, c'est impossible. Ce matin, j'étais comme anéantie. J'avais mal et envie de pleurer. Je restais devant mon lit à faire, et je cherchais... Quoi donc ? ô mon Dieu ! vous seul, vous seul ! Cependant, je ne suis pas comme à l'ordinaire. J'attire l'attention. Maman me trouve ridicule. Si mes pensées se trahissaient sur mon visage, je serais traitée d'insensée... Je suis presque toujours tourmentée pour ceci, pour cela, pour des riens... J'ai vu ou entendu, malgré moi, telles choses qui me reviennent à l'esprit... J'ai dessiné telle œuvre, laquelle, dans la suite, me paraît frivole, mondaine, légère. Ai-je tort ? Et pourtant, personne n'a plus horreur que moi de tout ce qui n'est pas pur... Comment expliquer cela à mon confesseur ? Comment lui dire ce que je ne sais pas moi-même : si j'ai mal fait ou non... Et puis, je ne sais jamais si je suis en grâce avec Dieu. Pourtant, il me semble que je l'aime tant !... »

Une autre préoccupation la tourmente :

« Je tousse... Il me faut voir le médecin. Si j'allais être poitrinaire !... Peut-être maman me laisserait-elle libre, si je n'avais plus que peu de temps à vivre !...

« Je veux bien mourir, mon Dieu, prenez-moi quand vous voudrez. Voulez-vous la vie de votre pauvre enfant et amener son père à vous ?... Le corps n'est rien : sauvez nos âmes. »

A quelques jours d'intervalle, nouvelles impressions plus angoissantes :

« J'ai beaucoup toussé aujourd'hui... Au déjeuner, père a nié les miracles de Lourdes ; j'étais tellement agitée que j'ai eu une quinte plus violente... Qui sauvera l'âme de mon père chéri, si ce n'est vous, ô Marie ?... J'ai confiance, mais je ne puis être heureuse... »

* * *

Mais il est à remarquer que Dieu ne permet pas que son enfant soit tentée au-dessus de ses forces et, après quelque épreuve plus épineuse, il lui fait savourer à longs traits les joies du sacrifice. Parfois aussi, Thérèse cueille çà et là sur le bord du chemin royal de la croix des fleurs exquises, dont le parfum réjouit son cœur :

« J'ai fait le catéchisme aux pauvres petites des écoles laïques, âmes d'enfants privées du bon Dieu et qui, à dix ans, ne savent pas un mot de prière. On les réunit dans un hangar où on les attire par des récompenses. Mon Dieu, j'ai parlé de vous pendant une heure et demie. Que j'étais heureuse ! »

Et plus loin :

« Pendant quinze jours, à Amiens, j'ai joui d'un bonheur à nul autre pareil. J'ai pu communier tous les deux jours ! Puis, j'ai lu la *Vie* de sainte Thérèse. Sans avoir pu achever le volume, j'ai bien compris ses ardeurs séraphiques. Oh ! qu'il doit être bon d'aimer ainsi et d'élever une grille impénétrable entre le monde et soi, afin de demeurer entièrement absorbé en Dieu. Moi qui rêve de lui être parfaitement unie, je ne peux pas me contenter de cette demi-religion qui prétend être à Dieu et reste attachée aux créatures... »

IV

Vers l'idéal.

SOMMAIRE. — *Misereor.* — « Pitié pour les âmes ! » — Cœur d'apôtre. — Marthe. — Au cours d'une promenade. — « Je m'immolerai. » — « Et mon père chéri ? » — En face de la mort. — Auxiliatrice des âmes. — Précieux encouragements. — Le jour de la délivrance entrevu. — Doux souvenirs. — Le couvent de Marie-Auxiliatrice. — « Aimer, prier et souffrir. » — Fuir au désert. — « Voilà ma vie. »

TOUTE âme éprise d'amour de Dieu recherche instinctivement l'oubli, l'ombre, la pauvreté et le mépris. Son dédain pour le monde ne va cependant pas jusqu'à se désintéresser de ses besoins et de ses souffrances. Nul n'est plus accessible à la pitié que celui qui a scruté plus avant les mystères du Cœur de l'Homme-Dieu, car il y a puisé le secret de la divine Miséricorde. Le fruit de ses méditations, c'est le souvenir entretenu et gardé de la grande pitié du Rédempteur : *Misereor super turbam,* j'ai pitié de cette foule, de la foule des déshérités des biens du ciel et de la terre, des malheureux qui ne connaissent pas leurs sublimes destinées et qui marchent à tâtons dans les ténèbres.

4

Thérèse se sent capable des plus grands sacrifices et commence en secret sa *vie de victime* pour le salut des âmes.

Elle écrit dans son JOURNAL :

« Pitié pour tant d'âmes qui se perdent, ô mon Jésus ! Pour leur salut je vous offre volontiers ma vie. Permettez du moins que je sois affligée d'une douloureuse maladie, que je sois défigurée par la souffrance ou infirme jusqu'à la fin de mes jours, s'il vous plaît, afin que, par ce sacrifice, j'obtienne de votre miséricorde le salut des personnes qui me sont chères. »

Déjà son cœur d'apôtre s'apitoie sur les misères morales qu'elle s'efforce le plus possible de secourir par la prière, la parole et l'exemple.

C'est ainsi que, s'intéressant à l'avenir d'une enfant de quinze ans exposée à toutes sortes de dangers pour sa vertu, elle parvint à la ramener peu à peu à la fréquentation des sacrements.

Mais la conversion n'était pas sincère :

« Je suis navrée... L. abandonne la prière, la messe, la communion. Que faire ? Oh ! que faire pour cette âme ? Je ne suis pas éloquente, et pourtant, mes paroles avaient obtenu des résultats que je croyais sérieux. Elle avait tant pleuré que j'espérais un réel triomphe de la divine grâce. Eh bien ! non. Je m'étais trompée... Que faire ? Je vais continuer à son intention l'exercice du chemin de la croix. »

Et dix-huit jours consécutifs, l'apôtre fit le

chemin de la croix, suppliant le divin Sauveur d'avoir pitié de l'infidèle qui, sans doute, lui doit aujourd'hui son salut.

* * *

Une de ses amies de pension ne partage plus ses convictions. Sans afficher un scepticisme désespérant, elle affecte du dédain pour les pratiques religieuses. Thérèse en est peinée et se dispose en secret à faire le siège de « l'irréductible ». Survient une cruelle épreuve : la mort de la mère :

« J'ai vu Marthe, j'ai vu son chagrin et je suis navrée. Elle aimait sa mère plus que tout, plus que Dieu même. Sa solitude est effrayante parce qu'elle ne s'appuie pas sur le seul Consolateur... Est-ce l'heure du miracle ? — « Pourquoi n'irais-tu pas à la messe le matin ? » — Y vas-tu, toi ? » J'ai répondu : « Non, parce que je ne suis pas libre... Si j'étais à ta place, je pleurerais, sans doute, mais j'aurais Jésus ; je le recevrais souvent, souvent... » Comment obtenir la conversion de cette pauvre amie. Ma parole n'est rien. Dieu seul peut tout... Elle m'a promis de venir. Oh ! je vais prier pour ramener cette âme à Dieu... »

Et dans les pages qui suivent, le souvenir de Marthe se présente fréquemment sous sa plume. Elle tient tant à ramener au bercail du Bon Pasteur la brebis égarée, qu'elle n'épargne aucune démarche, aucune fatigue dans ce but.

Enfin, à l'aube du mois de Marie, « le mois des miracles » :

« Marthe a passé la journée avec moi. Après le dîner, nous causions à la fenêtre en regardant le ciel bleu et les derniers rayons du jour... Je pensais à Dieu et je me demandais comment faire pour lui parler de ce que j'ai tant à cœur. — « Tu ne sais pas, me dit-elle, je veux me convertir ! » — Oh ! mon Jésus, que vous êtes bon ! Vous avez souffert et vous priez toujours pour nous. Vous avez dit à cette âme en deuil ce que moi, pauvre créature, j'aurais dit en vain... *Deo gratias !...* » Je lui ai prêté mon livre de piété ; je lui ai dit combien c'était bon d'aimer et comme Jésus était doux... — Et vous avez fait le reste, ô mon divin Sauveur ! »

Au cours d'une promenade :

« A la foire au pain d'épices. Geneviève était aux anges : beaucoup de monde, de poussière et de bruit... Pour me consoler je regardais le beau ciel bleu et je priais du fond du cœur pour les pauvres gens qui l'oublient. Un jeune homme de province, récemment arrivé dans la capitale, fit une réflexion : « A Péronne, quand j'allais à la grand'messe ! — Ah ! lui dis-je, vous alliez à la grand'messe... Vous aviez de bonnes habitudes autrefois... » Il s'est mis à rire et m'a répondu : « Aujourd'hui, je n'ai plus le temps. »

« Plus le temps de penser à Dieu... Les affaires et les loisirs absorbent tout !... Encore une âme à repêcher !... Et combien en est-il de ces victimes du respect humain et du travail servile dans cette immense Babylone !... O Dieu, suscitez des phalanges d'apôtres saints et zélés, il en est temps ! »

***

Une autre fois, un jeune homme de sa parenté l'exaspère par son langage antichrétien :

« Avec lui, il faut parler théâtre et toujours théâtre. Cela me rend furieuse et triste à la fois de voir tant d'intelligence et un cœur qui n'est pas mauvais au service du démon... Tantôt je pensais à cela et je me disais : Encore une âme perdue !... Et mon pauvre cher papa !... et tant d'autres !... Oh ! cela est horrible. Quoi ! toutes ces âmes seraient destinées à être toujours malheureuses ! Elles maudiraient Dieu éternellement !... Non, non, je prierai, je m'immolerai... A quelque prix que ce soit, j'obtiendrai leur salut... »

Et sur-le-champ elle s'impose de faire le chemin de la croix pour les « pauvres pécheurs ».

Le spectacle des fautes qui se commettent dans son entourage lui arrache des cris de détresse :

« Toutes ces choses-là me tombent sur le cœur... Je voudrais souffrir davantage pour Jésus si peu aimé ! Mon cœur est à lui, du moins, oh ! oui, tout à lui, et je brûle de le recevoir pour lui offrir réparation.

« Et mon père chéri... Après avoir tant travaillé, tant peiné, ne mérite-t-il pas une autre récompense que celle qu'il ambitionne ? Est-ce que sa vie restera vaine et stérile pour l'éternité ?... Je suis folle quand j'y pense ! Décidément, je veux gagner à Dieu son âme. »

Il est certain que cette idée se fixe dans son esprit au point qu'elle en souffre cruellement. A l'occasion de la mort subite de la mère d'une de ses meilleures amies, Thérèse écrit :

« Mardi, 20 mars 1888.

« Ma Gabrielle est orpheline. Sa mère, pieuse comme un ange, est morte sans sacrements. Vendredi elle avait dit à son mari : « Veux-tu que je fasse appeler un prêtre ? » — « Mais oui, ma chère ; seulement tu vas effrayer les enfants. » — « Eh bien ! lundi je me confesserai. » Lundi, à une heure du matin, elle rendait son âme à Dieu... Elle est morte en dormant. O mon Dieu, a-t-elle eu un acte de repentir ? Avez-vous eu pitié d'elle ? Vous seul êtes juge... Nous, nous sommes incertaines... Horrible incertitude !

« La pensée que mon père chéri pourrait mourir un jour sans être converti me glace et m'épouvante... Je veux aimer, je veux prier, je veux souffrir. J'ai dix-neuf ans depuis jeudi, je suis toujours esclave et, encore une fois, la communion m'a été refusée. Tous les mois seulement ! Que c'est long ! Que c'est triste ! Mais la prière me soutiendra et j'offre mes privations et mes tourments pour le salut des âmes. »

* * *

Coup sur coup, la mort frappe soudainement des personnes alliées à la famille Duquesne. Quelle leçon de détachement et de crainte salutaire ! Seule Thérèse est à même d'en profiter :

« La mort, la mort : voilà le grand et sublime mot. Comme le monde alors est impuissant à consoler ceux qui pleurent ! Que dire à ceux qui n'espèrent pas le « revoir » dans la Patrie ? Et comment espérer quand les âmes sont parties sans Dieu ?... Oh ! l'enfer !... Plus j'y pense et plus je suis épouvantée ! L'enfer qui engloutit chaque jour des milliers d'âmes... Et personne n'y réfléchit. A quoi pense-t-on ? A jouir ! A jouir des affections, des plaisirs, des vanités, de la sensualité... A quoi bon ? Les affections se brisent sur la pierre du tombeau ; la vanité disparaît devant une hideuse tête de mort ; la sensualité finit dans la pourriture d'un corps flatté jusqu'à l'excès... Et les âmes, les âmes !... Oh ! que je voudrais souffrir pour les sauver !... Mon Dieu, ayez pitié des âmes rachetées au prix de votre précieux Sang ! »

De telles dispositions présagent une vocation spéciale d'apostolat.

* * *

Une preuve aussi que Thérèse est appelée à passer, dans cette vallée de larmes, comme « auxiliatrice » des âmes, c'est sa profonde aversion pour les causes habituelles des péchés des hommes :

« Seigneur, je vous en supplie, éloignez-moi de ce monde corrupteur. Mon âme étouffe dans cette atmosphère contaminée. Je n'y puis me tenir en sécurité, car j'ai peur de céder à la tentation... Une soirée au théâtre, comme celle d'hier, m'éloigne de vous, je le sens. Toutes ces images frivoles, impures, se fixent dans l'esprit et blessent le cœur... O mon Jésus, vous le savez, je méprise ces réjouissances mondaines... Fermez donc ma bouche afin qu'elle n'en parle point, mon esprit afin qu'il oublie, mon cœur afin qu'il vous reste. Mais ne permettez pas que le mal se propage et multiplie ses ravages dans le monde des âmes... »

Aussitôt, le souvenir des paisibles années de la rue de Maubeuge se présente à sa pensée et elle s'écrie :

« Rendez-moi ma vie calme et pure du couvent, ma chapelle bénie où je vous ai reçu, mon Dieu, pour la première fois dans mon cœur d'enfant. »

A lire ces réflexions, il est aisé de prévoir que

la pure colombe prendra bientôt son essor vers la solitude. Ses aspirations, un puissant attrait, mille nuances caractéristiques la disposent à son futur rôle d'apôtre.

« En rentrant à la maison, j'ai rencontré une pauvre petite fille qui voulait me vendre des ruches au crochet. Je lui ai fait une aumône. En même temps, j'aurais voulu lui parler du bon Dieu et lui porter secours. J'aimerais tant aller dans les mansardes et soigner les pauvres du bon Dieu !... Alors, j'ai entendu au fond du cœur ces suaves réflexions : « Je suis le Dieu qui console et mon appui ne manquera jamais à ceux qui sont dans le besoin. Lors même que tout conspirerait contre vous pour votre perte, ne vous alarmez point. Si la communion vous est refusée, souvenez-vous que c'est un don que je fais aux uns pour les aider et dont je prive les autres pour les éprouver... Le monde est vanité, les affections de la terre périssent, mais Moi seul demeurerai toujours pour être votre plus fidèle Ami... En quelque endroit que vous soyez, fût-ce en un lieu de plaisir et envahie par les disciples de Satan, mettez la main sur votre cœur et dites du plus profond de votre âme : « Seigneur Jésus, « ce cœur a été créé pour vous, il ne doit appar-« tenir qu'à vous seul. En vous est toute sa con-« fiance... » Et alors je vous répondrai : « Soyez « bénie, mon enfant, j'ai entendu vos prières « et bientôt viendra le jour de la délivrance.

« Lorsque les hommes vous pleureront, c'est « alors que vous jouirez du vrai bonheur et que « vous m'aimerez sans partage. »

* * *

Avec quelle impatience, Thérèse attend ce « jour de la délivrance » !

Dieu seul connaît son secret ; ses parents n'osent le déchiffrer, en dépit des apparences contraires. Elle-même redouble d'attention pour éviter toute allusion qui semblerait le faire pressentir. Elle est gaie, elle chante. On s'imagine, en la voyant, qu'elle prend plaisir à entendre parler d'une splendide situation en rapport avec son éducation et ses brillantes qualités.

Mais les ombres peu à peu se dissipent. L'aube se lève radieuse d'un avenir qui se précise. Les clartés surnaturelles inondent son âme.

Voici qu'une circonstance se présente où Dieu lui parle sans voile :

Au hasard d'une promenade avec une de ses amies, elle entre dans l'église Saint-Martin. C'est le soir, à la tombée du jour, heure propice aux doux épanchements avec l'Hôte du Tabernacle :

« Le saint lieu était solitaire, raconte-t-elle. Dans le silence et l'obscurité, j'éprouvais une joie intense à m'entretenir avec Jésus. Seule la petite lampe du sanctuaire éclairait l'autel. Que se passa-t-il en cette heure de vraies délices ?

Mon âme, inondée de bonheur, jouissait de la présence du Bien-Aimé. Il me sembla entendre une voix céleste m'inviter à sacrifier tout ce que le monde recherche avidement. Pénétrée d'une flamme divine, je jurai que je n'aimerais jamais que mon Dieu. J'étais pour toujours conquise à son service. Et dès lors, je compris que ma place était dans le cloître. Je promis à mon Sauveur que je lui appartenais à la vie, à la mort... »

* * *

Thérèse sera religieuse. Son engagement est définitif à ses yeux. Elle a trouvé sa voie ; elle la suivra désormais avec une fidélité à toute épreuve.

Sans jamais abdiquer ses vifs sentiments de piété filiale, elle fera, s'il le faut, le sacrifice d'une douloureuse séparation... Mais avant d'en arriver là, que de luttes à soutenir !

En général, le monde ne veut rien comprendre au mystère de la vocation. Il convient qu'une jeune fille a le droit et le devoir, quand il s'agit du mariage, d'abandonner son père et sa mère ; mais il refuse son approbation quand il s'agit d'opter pour la meilleure part.

Pourtant est-il une conclusion plus logique ?

Pourquoi sommes-nous sur la terre ? Pour faire le bien, pour nous sanctifier et sauver nos frères.

Défendrez-vous à une chrétienne de choisir la manière la plus sûre de réaliser ce double idéal ?

Sera-ce dans une cellule de Carmélite, ou dans le monde sous les livrées d'une Fille de la Charité, ou encore dans la noble phalange de Marie-Auxiliatrice ?

Pendant les sept années que Thérèse a vécu au contact de ses admirables maîtresses, elle a été témoin des merveilles opérées par leur inlassable dévouement en faveur des jeunes personnes appartenant à toutes les classes de la société. Elle a entendu parler des malheureuses victimes du surmenage, de la maladie, de la misère, arrachées à la mort ou au déshonneur par leurs soins ; elle a vu les Mères se succéder à chaque heure, calmes et recueillies, au pied du Saint-Sacrement perpétuellement exposé dans leur chapelle ; elle a respiré, dans le pensionnat de la rue de Maubeuge, cette atmosphère de piété et d'apostolat qui est la caractéristique d'une *adoratrice-apôtre*, et c'est « POUR ÊTRE CELA, » comme elle l'avouera dans la suite à l'une de ses Sœurs de l'avenue d'Iéna, que la jeune fille résolut d'entrer à Marie-Auxiliatrice.

Sans se départir de son mutisme, elle se plaît à revoir le pieux asile témoin de ses joies d'enfant :

« Mon Dieu, que je vous remercie du fond du cœur pour tous les bienfaits dont vous m'avez comblée. Hier j'ai passé à la rue de Maubeuge... Je suis contente de revoir la maison où j'ai fait ma première communion... Je sens que je serais prête à tout quitter... Parlez, Seigneur, votre servante écoute. »

Et encore :

« Avec Marthe, nous avons été au salut au couvent... Je me suis mise à fondre en larmes. Que de souvenirs dans cette Maison !... Nous nous rappelions tout cela et nous éprouvions peine et plaisir à la fois. Rien n'a changé dans ce saint asile. D'autres oiseaux seulement ont pris la place de ceux qui se sont envolés dans le monde. Seigneur, ne brûlez pas nos ailes afin qu'il nous soit permis un jour de revenir au nid bien-aimé ! »

Elle note aussi d'autres visites moins agréables et fort peu de son goût. De part et d'autre, c'est toujours, en définitive, pour en arriver à la même conclusion :

« Père m'a emmenée dès neuf heures faire des courses ; après avoir déjeuné au restaurant, nous sommes allés voir l'exposition de peinture... Encore un lieu où, si j'étais libre, je ne mettrais jamais les pieds. Le vice impur s'y installe en maître. Pourtant j'aime à voir le grand art, ce qui est beau et pur ; pourquoi faut-il que l'œil qui ne voudrait voir que le bien soit partout offusqué par le mal ?... C'est pour cela que je voudrais *fuir*. Qui donc me donnera quatre murs épais pour passer ma vie dans le travail et la prière ? »

* * *

En une autre circonstance, elle manifeste certaines appréhensions, justifiées, sans doute, par une remarque de son ancienne maîtresse :

« Seigneur, souffrez que votre pauvre servante Thérèse vous adresse une prière : Vous savez combien je déteste le monde, et cependant vous voyez aussi combien mon imagination s'en remplit volontiers. Que cela me fait de peine !... Que ne suis-je encore à l'abri derrière les murailles de mon cher couvent ! Il me semble parfois que je suis perplexe sur le choix de ma vocation... Ce que je sais, ô mon bon Maître, c'est que je ne veux plaire qu'à vous, je ne veux aimer que vous... Vous seul, vous seul !... Brisez ma vanité ; faites-moi paraître sotte, laide..., oh ! mon Dieu, n'importe quoi, pourvu que je vous aime toujours davantage ! »

En la fête de l'Immaculée Conception, elle se remémore un joyeux anniversaire :

« Il y a cinq ans aujourd'hui que j'ai été reçue Enfant de Marie !... Oh ! ma chapelle bénie, mon Dieu, mes Sœurs, mes Mères, ma douce paix du couvent !... Ces souvenirs emplissent mon âme d'une joie qui ne se trouve pas dans la société des mondains. On n'y parle que de choses futiles et frivoles. Si encore on n'offensait pas le bon Dieu ! Que je me sens mal à l'aise et triste à pleurer !

Comment être gaie parmi des personnes qui vivent sous le joug du démon ? Cependant, je m'efforce de rire en compagnie de papa et de maman, me rappelant le sage conseil d'une de mes maîtresses : « Soyez gaie et rieuse pour faire plaisir aux personnes qui vous entourent. » En effet, dès que je me livre à la méditation à la dérobée, je suis sûre d'entendre cette réflexion : « Comme tu es triste ! » Non, je ne suis pas triste ; quand je ne dis rien, c'est alors que mon âme exulte, car je jouis de la présence de Dieu. »

Jamais elle ne se montre plus rayonnante de joie que lorsque, au cours d'une sortie, elle a pu revoir ses anciennes maîtresses :

« O mon Dieu, je me jette à vos pieds pour vous dire un grand merci ; je suis si heureuse, si heureuse au soir de cette journée ! J'ai revu mon couvent bien-aimé, mes Mères chéries, mes compagnes. J'ai prié dans ma petite chapelle, à cette même place où la sainte Vierge m'a dit un jour : « Je suis ta Mère. » Oh ! oui, vous êtes ma bonne Mère aujourd'hui encore et toujours. En récitant le chapelet, je regardais avec bonheur le ruban blanc qui suspend à mon cou votre médaille... Mère, s'il ne m'est pas permis de porter votre insigne ostensiblement, du moins cette livrée restera toujours sur mon cœur. Ce cœur est à vous. C'est pour Jésus et pour vous qu'il bat dans ma poitrine... J'appartiens à Marie, je l'ai juré, c'est pour la vie...

« Oh ! charmants souvenirs, que vous m'êtes chers... ! Oh ! sainte Maison, témoin de mes plus douces joies d'enfant, comme mon cœur se serre quand je te quitte !... C'est là, dans cette grande salle, sous le regard de mon Jésus en croix que j'ai travaillé. Travail béni et fécond... Merci, merci, mon Dieu ! »

Une après-midi de « calme délicieux » :

« Au couvent des religieuses de Marie-Auxiliatrice : le Saint Sacrement au milieu des lampes allumées et des fleurs blanches, à genoux la postulante avec son long voile de tulle, puis, les novices avec leurs voiles blancs... Trois de mes compagnes qui sont à Dieu ! »

* * *

Jusque dans les distractions qu'offre le monde, la conduite de Dieu se laisse entrevoir, dirigeant les circonstances qui préparent le dénouement :

« Pendant que ces dames jouaient du piano, j'ai fait semblant de feuilleter quelques brochures et j'ai dévoré une bonne partie du *Journal de Marie-Edmée.* Oh ! comme j'envie cette jeune fille qui était libre de ne pas aller dans le monde, libre de servir Dieu ! Elle consacrait sa vie à de pauvres enfants, leur faisait le catéchisme, les préparait à la communion... Que puis-je ? Je n'arrive pas à me réfugier dans une solitude où mon âme trouverait le bon Dieu. Pas même un petit coin secret dans notre appartement, ni dans les salons de ma famille... O mon bien-aimé Sauveur, quand donc me sera-t-il donné de fuir la compagnie des mondains et de ne vivre que pour vous et le bien des âmes les plus abandonnées ? »

A la date du premier janvier, la future novice écrit :

« Une nouvelle année, c'est une page toute blanche, où mon ange gardien va inscrire le bien ou le mal que je ferai. Il faut que chaque seconde me rende de plus en plus pure... Aimer, prier et souffrir : telle est ma devise. Que je sois douce et humble de cœur afin de préparer au Seigneur une servante digne de lui ! »

« Aimer, prier et souffrir », voilà bien le rôle de toute âme qui s'engage au service de Jésus-Christ.

Et c'est précisément le programme du vrai bonheur, dans la Société de Marie-Auxiliatrice.

Ah ! qu'importe la vie qui passe, le monde qui s'agite, les rues pleines de foules et le grand Paris qui bourdonne comme une ruche enfiévrée ! « Aimer, prier et souffrir » donne plus de satisfaction à l'âme qui vit unie à Dieu dans le silence de sa petite chambre, que toutes les heures de folle ivresse passées dans les temples des idoles de notre temps.

Tandis que Thérèse subit les assauts des personnes qui lui reprochent ses « emballements de ferveur », elle jouit, à genoux, d'une joie si suave que rien ici-bas ne peut lui être plus agréable.

Toutefois, certaines privations lui semblent un cruel martyre.

Il est une souffrance que ne comprennent pas les hommes arrivés au milieu de la vie, ceux-là qui sourient de leur piété d'enfance et de leurs vieux remords.

La sagesse chrétienne a d'autres accents :

« Je pense à mon bonheur perdu, à la sainte communion dont je suis privée, et j'ai envie de pleurer... Et autour de moi, quand je cherche un appui, personne pour me soutenir sur le chemin du ciel... Ma jeunesse s'écoulera-t-elle comme cela, vide de mérites ? Comme je suis lasse, ce soir, et peu courageuse ! Qui donc aura pitié d'une pauvre pécheresse ? Jésus ne me voit pas à son divin Banquet, et sans lui je ne vaux rien... Oh ! je me traînerai à vos genoux... Jésus, ayez pitié !... Si maman voulait, je serais si heureuse !... Maman du ciel, Vierge Marie, dites-le-lui, et donnez-nous d'aller bientôt avec le bon Dieu. »

Il y a des larmes dans ces paroles qui trahissent la cause secrète d'une nostalgie impuissante en ses élans sublimes.

« Jeudi de la Fête-Dieu. Je ne communie pas, et, toute la journée, il me faut parler, être gaie dans un repas de famille... Mon cœur a soif de repos et de solitude, de vous, de vous surtout, ô mon Dieu ! Lorsque vient le soir, je puis du moins m'agenouiller devant mon crucifix... Mais si belle que soit ton image, ô Jésus, cette image

THÉRÈSE à 19 ans

bénie du crucifix devant laquelle je fais mes prières, ce n'est jamais que l'image ; la réalité, le Jésus bien-aimé n'est pas ici. Oh ! quand donc pourrai-je vivre sous le même toit que Lui !... L'aimer, voilà toute mon existence. L'aimer toujours et pour Lui tout abandonner !... Mon Dieu, quand vous verrai-je ? Le ciel est si beau, la terre si vile ! surtout notre terre boueuse de Paris, avec ses rues agitées, le bruit et le mouvement perpétuels ! Jamais de repos. Toujours le travail, le plaisir, la ruée des passions, la soif de l'argent... Pour moi, pauvrette, je demande à quitter cette foule et à fuir au désert... Ramener à Dieu des âmes par mes prières, mes sacrifices et mon dévouement : voilà mon rêve... Quand donc me prendrez-vous à votre service, Seigneur ? Sans doute, il faut que je sois plus sainte... Je le veux sincèrement et je m'y applique avec ardeur. »

A cette époque, le bilan de ses journées se résume ainsi qu'il suit :

« Le ménage et le travail à l'aiguille, les repas, la leçon de Geneviève, une visite de temps en temps, où l'on parle de choses frivoles : voilà ma vie. Une seule demi-heure le dimanche consacrée au bon Dieu... Rien qui m'élève vers Lui. Je me cache pour dire mon chapelet, mon office. Le soir, quand je ne suis pas trop fatiguée, je fais le chemin de la croix. »

V

Per crucem ad lucem.

Sommaire. — Toujours la lutte. — A l'ombre de la Croix. — Les dernières pages du *Journal* de Thérèse. — Confession d'une âme. — *Fiat !* — « Chaîne dorée. » — Seule avec l'Invisible. — Jamais comme celles qui n'aiment pas. — Rêve d'amour divin. — Une communion à la dérobée. — Rire et sourire. — Ma Mère. — Devant la mer en courroux. — Nostalgie du Ciel. — Horreur du péché. — Voix divine. — Les deux sentiers. — Vive labeur ! — Des âmes ! — Que la terre est vile ! — Le meilleur trésor. — Exemples de détachement. — A vingt ans. — Canevas de bonheur. — Après une lecture. — *Sursum corda.* — Fin du premier acte.

La sagesse antique en a, depuis des siècles, fait la remarque : « On est entouré quand on est riche ; recherché quand on est jeune ; applaudi dans le succès ; mais si quelqu'une de ces choses nous manque, les amis s'égrènent et s'espacent. »

Tel est le cas pour Thérèse Duquesne. On aime à lui faire visite, à l'entendre, à la complimenter. Au dire de ses amies, elle est artiste, elle déclame à ravir, elle plaisante agréablement, elle peint de petits chefs-d'œuvre... Elle est heureuse !...

Ce qui paraît vrai pour le monde, ne l'est pas pour la jeune fille. Elle se trouve remplie de défauts, mécontente d'elle-même, à charge à sa famille, mal à l'aise dans la nuit obscure de ses incertitudes, au milieu de cette foule si triste et si laide, vue par certains côtés.

D'ailleurs, son JOURNAL, dont nous allons reproduire intégralement les dernières pages, la fera mieux connaître que tous les commentaires.

Il faudra faire la part de son excès de modestie dans sa façon de s'exprimer lorsqu'elle parle de ses défauts :

« Je lutte contre mon caractère qui serait désagréable si je me laissais aller ; mais j'aime mon Dieu par-dessus toutes choses, et je ne veux que devenir sa servante. Je lui demande, à genoux, le calme et le repos en Lui seul.

« Jésus dans mon cœur, et tout le reste m'est indifférent... Pourvu que j'aille me confesser demain ! Que de fautes à avouer : colère, vanité, sensualité, moqueries, manque de ferveur, distractions dans la prière... et les tentations ! Et ce spectacle dont je ne suis pourtant pas entièrement coupable !... N'importe, j'ai consenti sur le moment à aller là, et j'aurais dû résister.

« Dois-je, si l'on me le demande, réciter encore ou bien refuser ? Si je refuse, je mécontente et la famille et maman ; si j'accepte, je frôle la vanité et..., que sais-je ? Maman m'a dit qu'il y avait une phrase qui prêtait à rire... Je ne voudrais pour rien au monde provoquer une pensée mauvaise... Oh ! ma conscience, mes incertitudes, Dieu à qui je veux appartenir, les circonstances qui m'éloignent de Lui !... Du moins, mon cœur n'a jamais battu et ne battra jamais que pour Lui seul dans le temps et dans l'éternité. »

* * *

Nous ne sommes les vrais amis de Dieu que sur le Calvaire. Heureuses les âmes qui vivent à l'ombre de la croix ! C'est à ses pieds que nous prenons notre vraie ressemblance avec le divin Modèle.

Thérèse ne cède pas aux attraits de la séduction. Quand le souffle de la tentation soulève quelques poussières sous ses pas, elle court se réfugier sur la voie douloureuse :

« J'ai relu la Passion pour aimer Jésus davantage. J'ai suivi ce Jésus, fouetté et meurtri par les mains coupables des Juifs. Il me semblait voir cette colonne de la Flagellation rougie par son sang, et Lui, la croix sur ses épaules meurtries, montant ainsi jusqu'au Calvaire. Ses bourreaux ont percé ses mains et ses pieds de gros clous qui en ont fait jaillir le sang ; ils l'ont crucifié, et Lui est mort en nous aimant.

« Pour l'aimer, que faire ? Est-ce l'aimer que de vivre avec toutes mes aises comme je le fais ?

Je m'endors dans un bon lit, et Lui, pendant la nuit de l'agonie, était seul dans le jardin à prier et à pleurer ; je mange à ma faim et je bois à ma soif, je flatte mes sens, et Lui a jeûné pendant quarante jours, et Lui a toujours souffert la faim, le froid, la fatigue... »

Ces citations ont été écrites au début de l'année 1888 ; celles qui vont suivre se rapportent à la dernière période de sa vie dans le monde.

Aucune recherche de style dans la manifestation de ses sentiments. La jeune fille ne s'adresse pas à un confident qui pourrait, un jour ou l'autre, divulguer ses écrits. C'est uniquement sous le regard de Dieu qu'elle trace les lignes que dicte son cœur. Elle sait que ces pages, comme tant d'autres, seront, par elle-même, jetées au feu. Par quels desseins de la Providence ont-elles été préservées du désastre ? Je l'ignore. Mais, après avoir lu cette *Confession* d'une âme — apparentée à celle de saint Augustin — j'ai cru bien faire d'en conserver la teneur pour l'édification et l'encouragement d'une pléiade de jeunes personnes en butte aux mêmes péripéties, parfois pénibles et angoissantes, et capables des mêmes générosités pour la gloire de Dieu et la sanctification du prochain. Le lecteur appréciera si j'ai eu tort ou raison.

Et maintenant je cite textuellement la suite et la fin du Journal de Thérèse :

Arromanches, mardi, 24 juillet 1888.

Seule, dans ma petite chambre, devant le ciel obscurci par la nuit et les vagues qui viennent se briser en grondant contre la digue...

Que c'est beau ! Mon Dieu, si votre œuvre est si belle, que devez-vous être ?... Et Jésus est dans l'Hostie, Lui, le maître de tout, se renferme en ce pain pour se donner à sa misérable créature.

J'ai couru à l'église en allant mettre une carte à la poste ; il y a messe à 6 h. ½, je vous confie cela, ô saint Joseph, et puisque vous obtenez tout, j'ai confiance ! Je vais prier et m'endormir heureuse à la pensée que demain peut-être, je communierai ! Oh ! quelle joie, mon bien-aimé Jésus, venez, j'ai soif de vous recevoir et d'être tout à vous, mon seul amour !

*

Mercredi, 25.

Réveillée à 5 h. ½, levée tout de suite, habillée et, ma prière dite, je prends mon livre et je descends. L'oncle Paul me rencontre et je lui dis que je vais à l'église.

— Non, non, ta tante ne veut pas de cela.

J'ai fait effort et suis remontée dans ma chambre ; j'ai tiré le verrou et je me suis mise à genoux pour sangloter à mon aise. Oh ! mon Dieu, mon Dieu, où êtes-vous ? et pourquoi ne voulez-vous pas venir dans mon cœur ?

J'ai été interrompue pour prendre un bain de mer. Me voilà de nouveau. Tout me semble à charge quand je ne suis pas heureuse au-dedans.

Oh ! *fiat ! fiat !* Mon Dieu, donnez-moi du courage, votre amour surtout. Je vais tâcher d'être calme et très unie à vous ; je vous offre cette privation en esprit de sacrifice et pour les pauvres pécheurs.

*

Ce soir, 11 heures.

Je suis abattue, lâche même pour prier... Pourrai-je me résigner à me soumettre à la défense qui m'est faite ? Puis-je aimer ceux qui s'opposent ?... Ingrate, j'ai un cœur de pierre et cependant, ô mon pauvre cœur, comme je vous sens battre et comme vous pouvez aimer ! Oui, j'aime, j'aime mon Dieu avec passion, ce Jésus qu'ils ont crucifié, je l'aime et j'aime ceux qui m'ont appris à le connaître : je vous aime, ô ma Mère chérie, qui, au couvent, me teniez assise auprès de vous, me laissiez vous parler et toucher votre rosaire ; je vous aime, Mère bénie, vous aussi, l'ange du bon Dieu, qui m'avez ramenée dans le droit chemin, vous si douce et qui saviez si bien consoler ! Ah ! non, mon cœur n'est pas de pierre, mais je hais ce monde d'indifférence et d'oubli et je suis glacée d'y vivre.

Réchauffe-moi, ô mon Bien-Aimé, à la flamme de ton amour, hâte le moment de ma séparation du monde ou celui de ma mort ; que je sois à Toi, ô divin Crucifié, à Toi seul, toujours, toujours !

*

Samedi, 28.

On sort voir la mer qui bouillonne, on déjeune et l'on sort de nouveau. Les vagues sont fortes et se brisent sur la digue ; on travaille un peu à l'aiguille, puis tante Cécile m'emmène acheter le dessert.

Ici, tout est pour la vie matérielle, grands soins de l'arrangement de la maison, grande préoccupation de la composition des mets que l'on mangera, causerie sur la toilette ; en dehors de cela, le théâtre, la lecture des journaux, et puis plus rien !...

O sensualité ! désir de jouir toujours et le plus possible, indifférence qui glace ! Mon Dieu, que le mal ne me gagne pas, que je reste fervente !... ... Hélas ! le suis-je ? Mon cœur qui voudrait brûler, n'est-il pas, lui aussi, de glace ? O Jésus, Jésus, je vous aime, gardez-moi tout entière à vous seul !

Il y a ici sept ou huit jeunes filles, leurs mamans, leurs frères, et des parents qui sont prêtres ; ils n'ont pas de respect humain et s'en vont par les chemins disant leur chapelet ou chantant des cantiques ; lorsque le temps est beau, ils s'asseoient sur l'herbe et font une lecture pieuse. On s'en moque dans mon entourage, et moi j'envie ces jeunes filles ; quand je passais tantôt près d'une d'elles, revêtue d'une simple robe noire et coiffée sans frisures, je sentis mon cœur bondir en pensant qu'elle était libre, que le matin même, peut-être, elle avait reçu le bon Dieu et que moi, j'étais esclave, oui, *esclave !* Oh ! ma *chaîne dorée* qui me forcez à jouir, vous me faites cruellement souffrir, car les jouissances du corps ne sont que souffrances quand l'âme est privée et enchaînée.

Brise ma chaîne, ô mon Dieu, et attire-moi sur ton Cœur.

*

Dimanche, 29.

Je veux toujours faire pour Dieu tout ce que je puis faire, aussi j'ai écrit à maman, lui demandant la permission d'aller à la messe, permission que tante ne veut pas me donner sans le consentement de maman. La lettre est partie, puisse la sainte Vierge la conduire et m'apporter une réponse favorable ! Je suis plus calme et résolue de conserver toute mon énergie pour prier.

Il pleut. Marguerite joue du piano dans le salon désert et dans deux heures les invités seront ici pour le dîner. J'aimais mieux le dîner du réfectoire et la lecture pieuse ; j'aimerai surtout le frugal souper des religieuses, où l'on ne mange que pour vivre et où, en se mortifiant, le cœur s'élève vers Dieu.

Vers Dieu, oui, mon âme, c'est là qu'est ton unique demeure.

*

Mardi, 31.

Ce matin, j'ai été à la pêche. Je n'ai plus la force que j'avais il y a deux ans et je suis éreintée d'avoir poussé pendant une heure ce grand filet. Béni soit mon mal de tête qui me permet de rester un peu seule ! Seule ? est-ce bien vrai ? suis-je seule ici dans ma chambre bien close ? suis-je seule devant cette immensité qui s'offre à mon regard ? Est-ce que plutôt je ne sens pas la présence d'un Etre invisible et tout-puissant ? Est-ce que Dieu n'est pas là ? Oui, Il est là. Cette pensée de la présence continuelle de Dieu est, si on y réfléchissait bien, un bonheur inouï. Eh quoi ! moi, pauvre créature, je puis me dire que du haut du ciel l'infiniment Parfait me regarde et ne me laissera pas périr.

Sa Providence est si manifeste ! Je voudrais pouvoir crier à tous : « Mais, aimez-le, aimez-le ! Lui seul est digne de votre amour parce que lui seul nous aime parfaitement. » Il a fait ce ciel si pur, cette mer bleue, cette campagne et tout ce qui existe ; du plus petit brin d'herbe comme du plus bel arbre il a pris soin, comment donc aurais-je peur en pensant à cette bonté ? Oh oui ! sans doute, j'ai peur quand je regarde du côté des hommes, ils sont si méchants ! N'ont-ils pas rempli la terre du mal qu'ils font et peut-on faire un pas sans se heurter à ce mal qu'est le péché ? Je le trouve partout : dans leurs journaux, dans leurs livres, dans leurs conversations... Tout ce qui ne s'appuie pas sur Dieu est bien coupable ou bien près de l'être.

Pour moi, Seigneur Jésus, je sais que vous m'aimez, puisqu'entre l'enfer et moi votre sang adorable a coulé pour m'empêcher de tomber dans l'abîme. J'irai vers vous avec la confiance de l'enfant, je vous dirai : O mon Sauveur, enveloppez-moi de votre bénédiction, afin que les choses de la terre ne pénètrent pas jusqu'à cette âme qui est à vous pour le temps et pour l'éternité !

*

Mercredi, 2 août.

J'ai reçu, ce matin, la réponse de maman. Elle me permet d'aller à la messe, mais ne veut pas que je communie, excepté le 15 août, et me défend expressément d'écrire à aucune religieuse du couvent ; puis elle me demande si « je serai jamais comme une autre » ?

— Oh ! non, non, jamais comme celles-là qui vivent sans aimer ! Plutôt souffrir toute ma vie et me contraindre que changer le fond de mon cœur.

J'ai encore pleuré et regretté ma vie de pensionnaire. O mon Dieu, ô mes maîtresses chéries ! Je reconnais humblement à vos pieds, Seigneur, que je ne mérite en rien le bonheur de vous recevoir, mais ayez pitié de ma faiblesse et tout en me privant de la communion, donnez-moi la force de vous aimer de plus en plus...

Oh ! quand donc mon âme, débarrassée de son enveloppe terrestre, pourra-t-elle contempler Dieu sans voile !

Voir Dieu un instant, l'aimer sans bornes et sans mesure, sans contrainte ! Oh ! oui, l'aimer comme l'aimait Madeleine, comme l'aimait Jean quand il reposa sur son Cœur et qu'il en sentit les battements ! Le voir, resplendissant de majesté, comme les apôtres le virent sur le Thabor : Je me sens heureuse quand je pense que ce rêve pourra devenir une réalité. O mort, viens donc vite... Mais d'ici-là, mon Dieu, envoyez-moi la souffrance, car il faut bien que je me purifie de mes péchés. Hélas ! mon Dieu, je ne sais pas si je suis digne d'amour ou de haine, mais vous êtes bon, pardonnez-moi, je veux m'appliquer à me conduire comme votre humble servante !

*

Vendredi, 3 août.

Je reviens de l'église où j'ai passé un bon quart d'heure. On m'attend sur la digue où il y a foule. Je n'ai garde d'aller y retrouver mes cousines. A tout ce mouvement, je préfère aujourd'hui le calme et le silence,

Hier, deux religieuses nous ont tendu la main ; elles revenaient de la maison où on leur avait refusé. Je n'avais pas mon porte-monnaie et j'ai demandé à Lucie qui n'a pas répondu ; elle ne donne pas sans connaître. Je sais bien que, à Paris, ils sont forcés de faire de larges aumônes, mais enfin, cela m'a fait gros cœur. Ces religieuses m'auront prise pour une indifférente, une jeune fille du monde qui se soucie peu des pauvres de Jésus-Christ, et cependant, comme je les aime ces pauvres à cause de Lui !

Pour Lui dont le corps a été meurtri et déchiré de plaies, pour Lui dont je n'ai pas soulagé les douleurs, je voudrais m'agenouiller devant un malade et le soigner comme j'aurais pansé le Maître. Hélas ! Seigneur, mes mains et mon cœur sont bien inhabiles et je crains de n'avoir nul mérite, mais je vous aime, ô mon Jésus !

*

Samedi, 4.

Un tout petit mot pour dire mon bonheur : tante part au marché de Bayeux ; je descends tard, à 8 heures, je glisse mon petit pain dans ma poche et me rends à l'église.

J'ai communié, ô mon Dieu ! je n'osais pas, mais il m'a semblé entendre votre voix me dire d'avancer, et puis, j'en avais un si grand désir ! Oui, mon Sauveur et ma vie, je vous ai possédé, je vous ai dit mon amour ; là, dans ce pauvre cœur si souvent triste, là, Jésus a reposé ; oh !

soyez béni de n'avoir pas méprisé la prière de votre servante et d'avoir ranimé sa ferveur !

Et Jésus est si bon ! Je tremblais à la pensée d'avoir communié après plus de quinze jours de ma dernière confession. M. le Curé venu à son confessionnal m'a dit que j'avais bien fait.

Que je suis heureuse ! Mon Jésus, ne quittez pas votre servante ; que puis-je vous donner en remerciement de tant de bienfaits ? Je n'ai que mon pauvre cœur, ô Jésus, il est à vous sans aucune réserve, à vous entièrement et d'une possession absolue. Vous êtes ma vie, je le sens. Brisez mon corps, ô mon Dieu, afin que je vive bientôt de la vie divine et éternelle. Eternelle ! toujours, toujours la possession de Jésus !

Il est bien difficile de se maintenir en la présence de Dieu au milieu des bruits du monde. Je ne dis pas que la pensée de Dieu ne vienne de temps en temps et qu'un acte d'amour soit difficile à faire, mais cette sorte de bien-être recueilli et calme que l'on éprouve à l'église, ce silence de l'âme où Jésus parle et où l'on oublie les créatures, mon Dieu, comme cela se perd vite !

Sans dire de mal, on cause, on jase, on rit malgré soi. Ce n'est pas comme au couvent : là, on n'est pas exposée à la dissipation.

Rire du bon rire de la pension, comme on aurait ri devant Jésus, à la bonne heure ! Mais le rire a des bornes et il ne doit pas se prolonger indéfiniment.

Grande différence entre le rire et le sourire. Il me semble que je puis voir Jésus toujours souriant et jamais riant ; est-ce que nous ne pouvons pas aspirer à cet idéal ?

*

14 août.

J'avais demandé la petite Cécile dans ma chambre et j'avais préparé son berceau ; je pensais le faire pour l'Enfant Jésus ; mais tante en avait décidé autrement, je dois céder ma chambre à la bonne pour elle et les petits, puis chercher fortune ailleurs. Tout ce qu'on veut, mais ne pas avoir la liberté de prier le soir ou le matin ! non pas. J'ai vite transporté toutes mes affaires au second dans la chambrette mansardée, aux murs simplement blanchis à la chaux, et à la petite fenêtre sur la mer. Je suis heureuse comme tout de la pauvreté de mon réduit, je m'imagine être religieuse. Je regarde mon crucifix, je voudrais fermer ma porte à clef et vivre là, en retraite devant le ciel et la mer, ne sortant que pour aller à l'église. Oh ! mon Dieu, quand me prendrez-vous ? *Ecce ancilla Domini. Fiat mihi secundum verbum tuum.*

*

Aujourd'hui, 15 août, fête de l'Assomption de la sainte Vierge, ma Mère.

Ma Mère ! Comme ce mot-là est doux ! Oui,

Vierge sainte et pure, vous êtes vraiment ma Mère, ne l'avez-vous pas dit en ce jour béni où, dans la chapelle de Marie-Auxiliatrice, j'ai reçu la médaille et le ruban blanc ? Cher ruban, je vous conserve comme une relique et je vous mets un instant aujourd'hui sur mes épaules pour me rappeler les bons souvenirs et les saints engagements.

Les ai-je tenus ? ce matin encore, à la sainte Table, j'ai juré n'appartenir qu'à Dieu ; cela, je le crois, est aussi entré dans mon âme que la vie même que Dieu me donne ; mais, en réalité, quels sont mes progrès dans la vertu et quels efforts ai-je faits pour atteindre à cette perfection que je désire si ardemment ? Vierge Marie, ma Mère, tendez du haut du ciel la main à votre enfant et guidez-la, rendez son caractère plus doux et moins original, rendez-moi plus avide d'humiliations pour plaire à Jésus.

Je n'espère pas aller aux Vêpres, quelque envie que j'en aie, peut-être ira-t-on voir la procession ? En ce moment, l'on cause et je suis rentrée dans ce qu'on peut vraiment appeler ma cellule. Par la lucarne, je ne vois que la mer et le ciel ; je voudrais que mes yeux ne vissent jamais autre chose. Que c'est beau, que c'est immense, surtout aujourd'hui où la mer bouillonne avec furie en lançant son écume blanche, alors que le vent souffle en tempête et que tout est agité, hors ce beau ciel gris qui semble montrer par son calme que là-haut on ne peut plus être agité, parce qu'on possède la souveraine jouissance.

Le ciel, le ciel ! oh ! pour nous qui conduisons si difficilement notre barque sur des flots en courroux, qu'il est bon et reposant d'y penser !

Où sont, à cette heure, les enfants de Marie-Auxiliatrice que le vent de la persécution a dispersées et jetées sur la mer orageuse ?... Peut-être ma petite sœur, aujourd'hui, n'a-t-elle même pu s'approcher du bon Dieu, peut-être d'autres souffrent ! O Marie, notre Mère, vous qui avez dû tant souffrir lorsque Jésus vous eut quittée, prenez pitié de notre misère, et ramenez les filles au bercail pour les préparer à la réunion éternelle que nous attendons.

*

Dimanche, 19 août.

Je suis la foule, je vais, je viens, coudoyant cent personnes sans rencontrer une idée, un désir qui se rapproche d'une idée ou d'un désir à moi.

Ce matin, obligée d'attendre les autres, j'arrive en retard à la messe. Je reste au milieu de ce monde pour adorer Jésus. Je sors, je les vois qui rient, qui folâtrent ; moi, je pleurerais si je ne me retenais pas. Oh ! ces mondains !...

Cette après-midi, promenade sans doute. Je suis comme une machine et mon âme semble être absente de mon corps. D'où me vient cet ennui ? Quelle chose triste ! J'ai regardé la mer calme comme un beau lac où se reflète le ciel resplendissant sous le soleil de midi ; tout cela est beau, votre œuvre est belle, ô mon Dieu, et moi, je suis triste. Mes dix-neuf ans ne porteront-ils rien vers le ciel ? La mort ne viendra-t-elle pas pour m'approcher de Lui, puisque les hommes m'empêchent de l'aimer?... oh ! non, je me trompe : ils m'empêchent de le servir, mais de l'aimer, jamais, jamais !

*

Jeudi, 23.

Je pars après-demain, en suis-je contente ou fâchée ? je crois vraiment que cela m'est tout à fait égal. Ici, je serais restée pour les petits enfants : à Paris, je rendrai service à maman et à Geneviève... En résumé, les services que je puis rendre sont bien minimes et peut-être l'intention qui les dirige ne les conduit pas en droite ligne vers Dieu. Que de vanité je mêle à tout ! Pourquoi aussi me remercie-t-on et tant de fois ? j'ai bien peur qu'étant louée des créatures, je ne m'éloigne du Créateur, comme dit l'*Imitation*. Mon pauvre esprit est ballotté entre le bien qu'il rêve de faire et le mal qu'il rencontre et touche partout. Ma conscience est-elle bien équilibrée ? Avant de parler ou d'agir, je ne vois nul péché, puis après, le passé me semble comme embrouillé et souillé peut-être aux yeux de Dieu. Pour vous, Seigneur, qui lisez dans mon âme, oh ! ayez pitié de moi ! Je sens que j'ai besoin, pour vivre, d'une règle sévère qui ne me laissera pas dans le vague et l'incertitude à l'heure de l'examen du soir. Ce que je crois démêler au fond de mes actions, c'est la vanité. N'ai-je pas été assez sotte pour écouter avec plaisir ce qu'on disait de moi ? Et quelle vanité plus sotte encore de regarder vingt fois le portrait qu'on m'a mis sous les yeux ! Joindre à cela ma lâcheté à prier, je n'ai qu'une seule fois dit le rosaire complet, et ici le temps ne me manque pas ; oh ! Thérèse, que vous êtes peu vaillante à acquérir ce ciel si désiré pourtant ! Mon âme, courage, ne te laisse pas abattre, secoue les pensées qui t'assiègent et va vers Dieu avec ferveur.

*

26 septembre.

Etre dans l'incertitude la plus affreuse, ne pas savoir si l'âme est devenue odieuse à Dieu. Et cela, pour un éclair d'oubli ! Ah ! si du moins, en ce moment, je pouvais ouvrir mon cœur, m'accuser, pleurer, me retirer avec Dieu pour implorer mon pardon. A cette pensée du péché qui rend l'âme repoussante et que Dieu ne peut plus voir, j'ai sangloté ce matin. Eh ! quoi, mon âme privée de Dieu sur la terre !

Oh ! pauvre créature que je suis, si faible pour me garder contre les périls du monde et n'ayant pas la liberté de fuir !

Le monde, le monde, quelle infamie, quelle misère, quelle corruption !... Plus je vais, plus j'apprends, plus je recule épouvantée ; oui, il y a des créatures indignes, des criminels, des « têtes » qui font peur à regarder sous leurs haillons de misère et de vice ; mais sous les dentelles, sous les bijoux, avec des figures fraîches et jolies, avec le charme, il y a aussi des indignités... Les riches sont aussi vicieux que les autres, et tout cela m'écrase, car je me sens impuissante à triompher du mal sans le secours de la grâce.

Oui, ô Maître adoré, vous me dites :

« Je veux que mon enfant soit parfaitement « pure et passe au milieu de ce monde sans voir « ni entendre.

« Je veux qu'elle me soit fidèle dans les plus « petites choses, et ne recule jamais devant un « sacrifice, se souvenant que pour elle je n'ai pas « hésité devant le sacrifice du Calvaire.

« Maintiens ton esprit dans le calme et dans « l'union avec mon divin Cœur, que chaque « action se rapporte à moi et que rien ne soit fait « pour autre que moi. »

*

Lundi, 8 octobre.

Aujourd'hui, je me suis levée à 8 heures, puisque père a congé et que jamais je ne me réveille seule. J'ai fait ma prière, le ménage, je me suis habillée, donné le travail à Geneviève et fait ma méditation. Après le déjeuner, nous sommes sortis père et moi au Luxembourg, et nous rentrons sous une pluie battante. Je donne la leçon de Geneviève, je dîne, je joue aux cartes avec elle, je lis un peu d'un roman anglais que mère m'a acheté et je couds. 11 heures, je me couche.

Une journée d'envolée, finie aussi ma journée d'hier, ma bonne journée, celle où j'ai communié, je voudrais ne pas perdre la paix du bon Dieu. Seigneur, que mes journées s'envolent toutes vers vous, plus ou moins remplies, mais toujours selon votre amour. Un roman, c'est futile, ô mon Dieu, faites que l'on ne m'en donne plus ; faites surtout que moi je n'aie jamais le désir d'être aimée !

*

Vendredi, 12 octobre.

J'ai passé aujourd'hui l'après-midi avec quatre jeunes filles qui ne me plaisent guère et même me déplaisent tout à fait.

Pauvre M. qui peut-être est en train de devenir poitrinaire et qui ne pense qu'au monde ! Pauvre âme sans foi, sans amour ! Sa religion juive est à peu près nulle et n'a rien qui l'attire. Et puis, les autres, aussi folles, aussi frivoles ; il m'a fallu, pendant trois grandes heures, entendre parler chiffons, théâtre, romans ou pis encore ; je fermais les yeux, les oreilles, j'aurais voulu être très loin ! Aussi, je rentre fatiguée ; mon rhume me donne mal à la tête et à la gorge ; mais je bénis Dieu de cette petite souffrance que j'accepte en son honneur.

O mon Bien-Aimé, je suis souvent bien lâche pour veiller un peu, mais ce soir je veux me vaincre, je vous prierai, je veillerai au moins une demi-heure.

*

Samedi, 27 octobre.

Oui, vraiment, je suis calme. C'est un état si rare pour mon âme que je puis le noter et en remercier Dieu. Pourquoi cette sensation plus douce que je trouve en moi ? Aurais-je enfin compris la doctrine relue cent fois dans les *Paillettes d'Or*, et qui consiste à vouloir ce que Dieu veut ? Oui, mon Dieu, oui, mon Sauveur, oui, mon Bien-Aimé, puisque vous voulez que je reste en ce moment dans le monde, je le veux ; puisque vous voulez que je sois privée de la sainte Communion, que je voie tout le mal qui se fait ici-bas, que j'aie pitié de ceux qui ne vous aiment pas, oh ! soyez béni, soyez toujours béni ! Je suis un peu plus douce, je voudrais l'être tout à fait ; ma Geneviève se rapproche de moi et de Dieu, elle était décidée et contente de sa prochaine confession et a demandé à maman de la faire à la Toussaint. Maman a remis à ses neuf ans ; encore quatre mois. Que la volonté de Dieu soit faite ; je veux l'aimer avec plus de soumission, d'amour intérieur et de recueillement, mais je sens bien que Thérèse n'est pas morte et qu'il me faut beaucoup de grâces pour l'abattre sous les pieds du Sauveur, par l'intercession de ma bienheureuse Mère. O Marie, conçue sans péché, priez pour nous qui avons recours à vous.

*

Ma journée de dimanche est finie, je me suis, cette après-midi, bien ennuyée sur les boulevards et aux Tuileries devant les dix ballons qui s'élevaient dans les airs. Ma demi-heure de messe m'a seule retenue aux pieds de Dieu.

Ce soir, j'ai gagné à ce fameux 31 qui fait la joie de Geneviève. Après qu'elle a été endormie, je me suis mise à lire un livre à elle, de la *Bibliothèque Rose.* Le croirait-on ? Moi, qui vais avoir vingt ans, j'aime énormément relire tous ces livres-là, ou les livres plus sérieux qui rapprochent de Dieu et dont, hélas ! je puis si rarement me procurer la lecture.

Je voudrais ne rien faire que sous son regard et purement et simplement.

... Devant moi, sur la route, il y avait deux sentiers : l'un raide, hérissé de cailloux, de ronces, exposé au soleil brûlant ; l'autre ombreux, bien sablé, uni. Or, par l'inclination naturelle, j'allais diriger mes pas vers ce dernier.

Soudain, devant moi, je vis le bon ange, et à mon oreille il murmura : « Sais-tu où conduisent les sentiers ? » Folle que j'étais, je ne pensais qu'au voyage et non au but, j'ai baissé la tête et le bon ange a repris : « Le sentier facile conduit à l'éternel tourment, le sentier rude et pénible aboutit à Dieu. »

Oh ! mon Dieu, oui, je m'y engage dans ce sentier rocailleux et mal fait ; sur son parcours, il y a tant et tant d'obstacles que je serais effrayée si j'étais seule, mais Vous êtes là et Vous êtes toute ma confiance ; si je tombe, j'attends le bras divin qui relève et qui fortifie pour continuer la route ! *Ad majorem Dei gloriam !*

*

1er novembre, jour de la Toussaint.

Il a plu toute la journée, les feuilles d'automne tombent des arbres dans les ruisseaux et le vent gémit dans les cheminées. Cependant, je suis si heureuse aujourd'hui parce que le soleil, s'il est caché dans la nature, éclaire mon âme et l'échauffe.

Ce matin, en entrant dans l'église illuminée et toute pleine de fidèles recueillis, j'ai senti comme un frisson de bonheur. Je vais si rarement à cette messe du matin ! Et puis, j'ai communié, ce mot seul dit tout mon bonheur, et chose très douce à mon cœur, je communie encore demain : maman me l'a permis. Ah ! si ce bonheur pouvait être de toutes les semaines ! si maman voulait ! J'ai eu du chagrin de voir que Geneviève se tenait si mal et se fâchait même à l'église, malgré tout ce que je lui avais dit ; mais j'ai peut-être été trop sévère et je crois bien qu'il vaut mieux être douce, très douce, ô mon Dieu, pour vous plaire.

Papa est allé au cimetière. Mon Dieu, mon Dieu, en face de la mort, faites que mon père chéri revienne à vous ! Pour cela je ferai tout ce que vous m'ordonnerez.

La mort est un « évanouissement en Dieu », je veux répéter cette parole lue l'autre jour ; oui, mais pour mourir si doucement, il faut être sainte, il faut triompher du monde, de la nature, de Satan. « Vive labeur ! » O mon âme, Jésus n'est-il pas la force des faibles ?

*

Lundi, 5 novembre.

Hier, nous attendions une dame pour dîner ; je m'étais préparé une aquarelle et je comptais rester tranquille dans ma chambre pour réciter l'Office de la sainte Vierge. Après le déjeuner, maman sort, je range tout, puis je m'assieds ; à l'instant même on sonne et j'ai passé toute ma journée à l'Exposition sans avoir une minute à moi. O ma pauvre âme, que vous êtes toujours privée et tourmentée ! Vous, mon Dieu, qui savez combien tout ce dont on me parle me pèse, ayez pitié de moi et séparez-moi du monde, et puis, désabusez ceux que j'aime. Je voudrais tant les voir vous aimer !

*

Vendredi, 9.

O Jésus, vous seul savez tout ce qu'il y a dans mon cœur, et le bien et le mal ; vous seul êtes mon Ami, mon Trésor, mon Maître, n'aurez-vous pas pitié ? Votre Cœur n'est-il pas toujours le Cœur agonisant qui fut percé sur la Croix ? Oh ! je sais bien que ce Cœur, je l'ai percé moi-même, que cette lance, ce sont mes péchés qui l'ont fait entrer ; oui, je sais que je suis profondément misérable, mais plus la servante est pauvre, plus le Maître sera miséricordieux. J'espère et j'ai confiance, malgré tout et toujours !

*

Jeudi, 15.

J'ai vu aujourd'hui un bien beau tableau qui, lorsque l'œil ne le regarde plus, vous laisse un sentiment très pur, une idée supérieure à tout ce que produit l'art de nos artistes modernes. Rien n'élève l'âme dans la peinture qui tend à diviniser la chair, comme ces tableaux de Chaplin. Au contraire, le tableau de sainte Monique et de saint Augustin s'inspire de l'idéal le plus sublime. Ces regards de la mère et du fils qui semblent se confondre parce qu'ils se dirigent vers le même but : le ciel... Sous ces deux fronts, on sent vibrer une grande âme.

Ary Scheffer, vous avez dû être heureux quand

vous avez fini ce tableau ; ce bonheur-là, je l'envie. Donner une réalisation à sa pensée, que c'est beau ! Pour moi, cela même m'est interdit ; puis-je dessiner ce que j'aime ? non, pas plus que je ne puis en parler, et mon pinceau inhabile devient plus inhabile encore à tracer des sujets auxquels mon cœur prend si peu de part.

O mon Dieu, je rêverais de reproduire l'image que mon cœur a tracé de votre divine figure et laisser sur la toile l'expression d'une pensée qui s'envole au Ciel ! *Je voudrais,* — mot vide de sens que je m'épuise à prononcer — je ne puis que penser et aimer dans le fond de mon cœur. Là, du moins, personne ne pénètre que Dieu.

*

Vendredi, 23.

Vainement j'ai demandé à maman la permission de communier dimanche. Il y a presque quatre semaines que je suis privée de ce bonheur. Aussi bien, tout me semble triste et je crois que saint François de Sales avait raison de dire : « Un saint triste est un triste saint. »

Mon Dieu, quelle est la main qui me relèvera ? Que n'ai-je un confesseur auquel je pourrais confier toute mon âme pour qu'il en fasse une sainte âme !

Seigneur, quand m'introduirez-vous dans votre Ciel ? Pauvre Thérèse, qu'as-tu fait pour mériter le souverain Bien ? Allons, mon âme, il faut être vaillante pour mourir en Dieu.

J'ai passé ma journée chez Gabrielle et je l'ai aidée à faire son aube qui sera bientôt finie. Le bon Dieu la bénira, car elle a travaillé pour Lui, et moi, pauvrette, recevrai-je un peu de cette bénédiction du Sauveur, donnera-t-il les miettes au petit chien ?

Maman m'a menée au .cours Douzel. En décembre, j'irai m'exercer à peindre des éventails. Cela ne me fait nul plaisir, je suis comme un marbre, rien ne m'émeut et j'ai comme le cœur engourdi. Je peindrai, néanmoins, et de mon mieux pour Dieu, puisque cela servira peut-être un jour ; mais de bonheur, je n'en ai guère, il m'a fui.... qui me le rendra, sinon la possession du Bien-Aimé ?

*

Samedi, 24.

Mon Dieu, je puis bien l'écrire, puisque personne ne le lira, mais j'ai horriblement souffert aujourd'hui. Maman m'a refusé la communion pour demain, je n'ai pu m'empêcher de pleurer. A quoi servent les larmes ? à soulager du moins et la contrainte vous brise encore plus. Ce soir, par bonheur, papa et maman sont au théâtre et Geneviève couchée, je suis libre.

Mourir, ô mon Dieu, n'est-ce pas la liberté ? quand je passe ma vie à me contraindre, n'est-ce pas la souffrance ?

O mon Jésus, mon Sauveur, non, j'ai tort de me plaindre... à vous, à vous seul, et *fiat* à tout ce que vous voudrez, pourvu que je ne vous offense pas !

*

Immaculée Conception, 8 décembre 1888.

Dimanche, jour de l'Immaculée Conception, j'ai reçu Notre-Seigneur, j'ai passé mon après-midi aux Vêpres et cela m'a été bien doux de voir la procession du Saint Sacrement et d'entendre parler de Dieu, de son amour qui subsiste et subsistera toujours dans le cœur de ses fidèles.

Tantôt, j'ai pu m'échapper à 11 h. ½ du cours et j'ai passé près du Tabernacle une demi-heure qui s'est envolée trop vite, comme tout temps écoulé aux pieds du Maître. J'en ai besoin pour me sortir de la futilité de mes éventails, dont j'ai peur, et qui me laissent du trouble dans l'esprit ; ces longues heures passées après un sujet si charnel et si vain ne sont-elles pas perdues pour Celui à qui je dois les minutes et les secondes, le souffle de mon cœur et le regard de mes yeux ? Je lui demande de me prendre à son service. Quand donc ce bienheureux moment viendra-t-il ? Mais en suis-je digne ?

*

Samedi, 16 février 1889.

J'ai été me confesser et ma petite Geneviève aussi. Que j'en suis heureuse ! La voilà sur le bon chemin, je voudrais lui faire aimer Notre-Seigneur d'un amour parfait et l'attirer tout entière à Lui, loin du monde. Mon Dieu, pourquoi donc aurais-je peur pour l'avenir ? Suis-je nécessaire à son bonheur ? Sans moi ne peut-elle pas faire une bonne Première Communion ? Ah ! Seigneur, je le sais bien, je ne suis que l'ouvrière et s'il vous plaît de m'envoyer ailleurs avant ce temps-là, une autre pourra diriger ma chérie... Je vous confie ceux que j'aime et je n'attends que ma liberté pour vous obéir. Je vous demande une parfaite soumission, quelle que soit la place que vous me désigniez ; autrefois, je me croyais appelée à secourir les malheureux et à les tirer par l'exemple et par la parole vers le ciel ; mais saurai-je accomplir cela ? et mon orgueil qui redresse toujours la tête ne me nuira-t-il pas ? ne voulez-vous pas plutôt que je reste cachée à prier et à vous adorer ? Quand je pense à l'influence de la parole et du bienfait sur ces pauvres âmes endolories et blessées que la Sœur de Charité ramène à Dieu, mon cœur bondit de joie et je voudrais, au prix de n'importe quelle fatigue, aller chercher ces âmes : c'est le meilleur trésor... Mais je crains la vanité. Encore une fois, Thérèse, pourrez-vous ne pas oublier que vous n'êtes que la petite servante, l'humble ouvrière ? Ma pauvre âme, par quel chemin irez-vous au Ciel ? Seigneur, je vous demande un ordre par la bouche d'un de vos ministres.

J'ai fait aujourd'hui la préparation à la mort : je prends la résolution d'être complaisante avec maman ; Dieu sait combien ce bal de mercredi m'énerve et m'ennuie, mais je ne dirai rien, je me laisserai friser, décolleter, bien que cela me fasse bouillir et me donne bonne envie de me battre pour expier toutes ces futilités. J'ai promis à Dieu deux choses : la première, de ne pas entamer de conversation avec tous ces jeunes gens que je ne connais pas, afin de ne pas perdre la présence du bon Dieu ; la seconde, de ne rien prendre de la soirée. Je veux le faire parce que je veux me vaincre, parce que je veux aimer et mourir bientôt sur le Cœur du bon Dieu et de la sainte Vierge.

*

Lundi, 11 mars.

J'ai tenu le mieux possible mes promesses, à l'exception d'un verre d'eau rougie et d'un bouillon que maman m'a fait prendre en partant ; quant au reste, non, en vérité, je ne me suis pas amusée, je me suis même terriblement ennuyée, et j'ai eu un mal de tête affreux toute la soirée. Eh bien ! tant mieux !

Grâce à Dieu, tout cet ennui est passé et nous voilà en Carême, j'ai communié hier et la paix si douce du Sauveur Jésus est dans mon âme. Nous avons assisté au sermon de Notre-Dame des Victoires et au commencement du Salut ; j'aurais tant voulu rester jusqu'à la bénédiction du

Saint Sacrement, je la lui ai demandée en passant, après, devant Sainte-Clotilde.

Le texte du sermon était la première béatitude : « Bienheureux les pauvres en esprit. » Deux exemples que je me répète cent fois depuis hier : — Une Carmélite de Paris souffrait beaucoup, dans les premiers mois de son noviciat, de l'extrême pauvreté à laquelle son éducation dans le monde l'avait si peu habituée, et, le soir, avant de prendre son repos, elle dit un jour : « Oui, c'est bien ici comme chez les pauvres et l'on ne m'avait pas trompée, car, quand je me couche, j'ai *froid*, j'ai *faim*, j'ai *sommeil*.

Le Père de Ravignan sortait de chez son notaire ; il venait d'y signer la renonciation complète de sa fortune en faveur de son frère et il allait, dans un instant, frapper au noviciat de Montrouge. Il rencontre un pauvre, machinalement met la main dans sa poche ; une dernière pièce de monnaie s'y trouve, il la donne bien vite. Puis, élevant ses mains au ciel, comme s'il eût secoué une poussière qui l'attachait à la terre, il s'écrie : « Enfin, je n'ai plus rien, plus rien. »

Sainte et divine pauvreté de mon Seigneur Jésus, sainte pauvreté du Carmel ! Comme on doit être heureux quand on n'a plus rien ! Pour moi qui n'ai jamais été riche, j'aspire cependant à me dépouiller de tout et je voudrais être assez sainte pour souffrir, comme la religieuse du Carmel, le froid, la faim, le sommeil.

*

Vendredi, 15 mars.

J'ai vingt ans ! Mon Dieu, qui m'a donné vingt années déjà sur la terre, doit-il m'y laisser encore autant de temps ou bien mourrai-je bientôt ?

Vingt ans que je vis, Seigneur, et hélas ! plus d'une douzaine d'années que j'abuse de vos bienfaits et que je vous offense ! Je vous aime, mon Dieu, et j'aspire à réparer toute la peine que je vous ai faite. Je me suis consacrée à vous et depuis bientôt six ans je vous ai promis de n'appartenir qu'à Vous seul ; mais je désire de toute mon âme de voir arriver le beau jour de ma consécration solennelle. Jésus, mon Sauveur, donnez-moi beaucoup de courage et préparez-moi à devenir votre humble servante !

*

Vendredi, 22 mars.

J'ai conscience d'avoir mal employé cette journée.

Qu'ai-je dit ? tout ce que j'avais sur le cœur, j'étais plus lasse que jamais et je me suis plainte. Pourquoi ? pour être consolée. Me plaindre de maman, n'est-ce pas déjà un péché, et chercher la consolation, n'est-ce pas une faiblesse ?

Pauvre âme que la mienne, sans boussole et sans guide ! Ne puis-je pas pleurer dans l'ombre sans ennuyer les autres ? Dieu ne me doit rien et ce qu'il fait est bien fait ; je ne devrais pas murmurer, mais plutôt m'acquitter avec ferveur du peu d'exercices que je puis faire. Je prie si mal, je suis si paresseuse le soir à veiller auprès du Sauveur. J'ai voulu m'accuser ici parce que je me sens coupable et toute pleine d'orgueil, je n'ai rien de bien bon en moi, que deviendrai-je ? Serai-je capable d'attirer des âmes au bon Dieu avec la mienne si peu vertueuse, ou bien dois-je passer ma vie à prier ? N'ai-je pas eu, pendant des années, le désir d'être Sœur de Charité ? Puis, d'autres jours, et le monde et moi-même me semblent si mauvais que je voudrais m'enterrer vivante dans un couvent de Carmélites. Hélas ! entre ces deux extrêmes, je ferai mieux, je crois, de retourner à mon cher couvent.

Tout ce que je sais, c'est que, n'importe où, je veux être libre de servir Dieu comme je l'aime. Envoyez-moi, Seigneur, un ordre par la bouche d'un de vos ministres et j'obéirai aveuglément. Mais, par pitié, Seigneur, ne retardez pas mon bonheur, et ne me laissez jamais succomber à la tentation.

*

Lundi, 25.

J'ai passé une bonne heure bien délicieuse à Notre-Dame de Lorette : un beau sermon et le Salut du Saint Sacrement.

Ce sermon, je le pense mot pour mot. J'étais

heureuse d'entendre dire ma plus intime pensée bien haut :

« Le christianisme n'est pas une partie de plaisir et on ne peut pas allier l'Evangile de Jésus-Christ avec l'évangile du monde. Celui qui ne fait pas pénitence n'est pas chrétien.

« Vous aimez votre famille, vos meubles, vos plaisirs, vous n'aimez pas le Jésus du Calvaire ; vous passez devant Lui qui est là, attaché sur la Croix, le corps brisé, le Cœur percé, la tête meurtrie par les épines, vous passez en toilette et plein de vanité. »

Oh ! mon Sauveur, je voudrais vous aimer et je sens mon cœur trop petit pour cet immense amour !

*

Jeudi, 4 avril.

Que son saint Nom soit béni ! En sortant de la messe dimanche, le sourire d'une Sœur de Charité m'a donné du courage pour lutter et prendre patience. Hier, j'ai passé un bon moment à Saint-Germain des Prés et aujourd'hui une heure à Saint-Martin.

C'était le dernier jour de l'Adoration ; en écrivant la date sur le devoir de Geneviève, je m'en suis souvenue. Peut-être si j'avais demandé, aurions-nous été à la messe ; j'ai perdu cela par négligence. Oh ! Seigneur, quelle triste servante je fais et cependant vous m'avez permis de vous adorer cette après-midi, m'avez-vous pardonné ? Ô mon Dieu, bénissez-moi, il faut que je vous serve mieux, que je souffre pour vous, ne me l'avez-vous pas dit ?

Demain, j'irai à côté du couvent. Entrerai-je ? Irai-je au Salut ? Combien j'aime cette adoration du Saint Sacrement et que je voudrais réparer, moi, pauvre et indigne créature, pour tant d'âmes oublieuses et pécheresses !

Onze heures ! Une heure plus près de l'éternité !

Pauvre Paris ! combien d'âmes s'amusent en ce moment. Peut-être la prière du Carmel monte-t-elle vers Dieu pour apaiser sa colère ; celles-là qui vivent uniquement pour leur Bien-Aimé doivent être bien près de son Cœur et doivent être bien heureuses.

*

Lundi, 8 avril.

J'ai passé tristement, vendredi, *premier Vendredi du mois*, devant ma chère chapelle, sans pouvoir aller m'agenouiller aux pieds du Maître ; mais aujourd'hui, pendant l'absence de maman, j'ai demandé à Marthe d'entrer. Rien qu'une minute, dans ma chapelle, auprès de mon Jésus, et j'aurais voulu y rester des heures...

Sœur Marie-Françoise ne m'a pas reconnue, je crois. Chère religieuse ! — « Elle doit bien s'ennuyer », m'a dit Geneviève, et moi je ne donnerais pas son bonheur pour tous les plaisirs du monde.

Rester auprès du Maître, l'adorer, demander pardon, la belle mission ! Tant de péchés se commettent ! Est-ce que ces théâtres impurs et ces romans ne volent pas même les âmes qui s'estiment chrétiennes ?...

Pitié, Seigneur ! je voudrais vous faire aimer et je vois mon peu de talent. Marthe m'a répondu « qu'il ne fallait pas d'exagération à la demande que je lui faisais d'aller à la messe et au Salut. » Oh ! ce mot d'exagération, quand il s'applique à l'amour de Dieu, me glace, et le monde est toujours prêt à le redire pour excuser son indifférence et son impureté ! Exagération et folie, dit le monde : Folie de se pencher sur ce crucifix qu'on adore ; folie de pleurer sur ses plaies divines ; folie de souffrir pour Celui qui a tout souffert ; folie, sainte folie, que je voudrais vous avoir ! Mes sens, qui se révoltent, quand vous aurai-je appris que la souffrance est le chemin de cette folie de l'amour du Christ dont mon âme brûle d'être possédée ?

*

Lundi, 15 avril, Semaine Sainte.

O mon Dieu, vous aimer, et parce que l'on vous aime faire pleurer ses parents ! Maman a les yeux gonflés ce soir à force de larmes et c'est moi qui la fais souffrir volontairement.

J'ai demandé à faire la sainte communion

jeudi. Oh ! le Jeudi Saint, ne pas communier, c'est si triste et j'ai été si malheureuse les autres années ; maman m'a refusé et j'ai eu le tort de dire : « Ce n'est pas cela qui me fera changer d'idées, au contraire ! Plus tu me contrains... »

Alors mère m'a dit toutes sortes de choses que je ne peux pas écrire, je n'ai presque pas pleuré, je me raidissais ; mais ce soir, là, toute seule, je n'en puis plus. Ingrate ! égoïste ! oh ! mon Dieu, ma tête se perd et cependant, non, je n'ai pas l'ombre d'une hésitation, tout mon cœur est à vous, il faut que je vous appartienne.

Que ferai-je ? où irai-je ? personne pour me guider, ah ! Seigneur, j'ai une confiance infinie en vous, je suis pauvre, je suis coupable, je suis triste, je suis seule ! Mais non, je vous ai, Vous, mon Bien-Aimé, Vous mon Sauveur, mon Jésus ; ah ! ne m'abandonnez pas, ayez pitié de moi, parce que je veux vous aimer.

*

Mercredi, 17.

Le bon Dieu a eu pitié de moi, car maman m'a permis de faire la sainte communion et demain et le jour de Pâques.

J'ai été me confesser avec Geneviève. Il y avait foule et je n'ai pu recevoir les conseils que je désirerais, mais je possède mon Dieu et Lui, l'Ami divin, n'est-il pas le meilleur conseiller ? O mon Bien-Aimé, venez prendre possession de ce pauvre cœur qui se meurt sans Vous et qui n'a de bonheur qu'en votre possession.

*

Vendredi, 26.

Pendant une bonne partie de l'après-midi, j'ai lu la *Vie de l'Abbé Perreyve.* Quelle âme ! Que Dieu l'a bien récompensé en le rappelant si vite à Lui !

Ce moment de l'ordination, où Henri Perreyve, si malade, étouffait avec son mouchoir le flot de sang prêt à s'échapper de sa poitrine, m'a fait frémir. O mon Dieu, c'est là vous aimer, vous aimer et souffrir pour vous...

Il demande à Dieu, ce jour-là, trois choses :

D'être un humble prêtre ;

De ne jamais commettre de péché mortel ;

De verser son sang pour Lui.

Et moi, Seigneur, que vous demanderai-je sinon d'être une humble religieuse, d'éviter aussi ce péché mortel si horrible et de m'user à votre service. Donner jusqu'à la dernière de mes forces et le dernier soupir de mon cœur pour Jésus-Christ.

*

Dimanche, 23 juin, Fête-Dieu.

J'ai été loin, bien loin dans le passé, dans le bon Dieu et dans son amour pendant ce Salut et j'aurais voulu qu'il durât toujours ; pourquoi faut-il, après de si bons moments, après que l'on a senti Dieu si près, retomber sur la terre dans le néant des choses du monde et de la fragilité de la chair ? Pourquoi ? ô Jésus ! je veux souffrir, je veux aimer tant que mon cœur se brise sous l'influence d'un amour qu'il sent trop grand pour sa puissance d'aimer.

J'attends le mois de juillet avec impatience, nous partirons pour Amiens, peut-être aurai-je le bonheur de m'approcher de Notre-Seigneur.

Heure par heure, minute par minute, je veux que ma pensée s'envole vers vous, ô mon Sauveur.

*

Arromanches, dimanche, 20 juillet.

Dimanche, j'étais malade, mais encore bien joyeuse. Tante m'avait emmenée, j'ai communié, j'aurais voulu mourir, mais aujourd'hui la consolation n'est point venue, je prie et je me résigne, mon cœur est à Dieu, *je vis en Lui et sa présence m'est presque sensible ;* oh ! je n'ai pas à me plaindre, tant il me donne de grâces.

J'ai envoyé la bonne d'enfants à la messe ; pauvres domestiques ! Personne ne s'occupe de leur âme. Mon Dieu, comment tant de misères n'augmenteraient-elles pas ma soif de vous aimer ?

*

Mercredi, 31 juillet 1889.

Tante vient de m'interrompre :

— « Pourquoi restes-tu seule? » Ma chère solitude

ou plutôt ma chère compagnie du bon Dieu, que je vous aime et qu'il m'en coûte de quitter ma chambre pour descendre !

J'ai encore bien mal à la tête ; je crois que c'est chez moi un effet plutôt moral que physique et tous les remèdes du monde ne guériront pas mon corps dont on s'occupe trop, parce que mon âme est malade et triste.

Triste ! Il fait beau, le soleil brille sur la mer, on est en famille, mais je suis seule, privée de Dieu.

Quelle nouvelle ! Constance est morte !

Elle que l'on attendait comme tous les ans, jolie, élégante, gaie, adulée, elle est à cette heure-ci clouée dans un cerceuil ; et le monde est stupéfié. Demain il reprendra sa vie, ses plaisirs. Morte en deux jours, à vingt ans ! et moi, je vis. Mon Dieu, je vis de cette vie naturelle, païenne ; on m'empêche d'aller à vous, de vous consacrer le peu qui me reste à passer sur la terre ! Pourquoi n'est-ce pas moi qui suis dans le cercueil ? pourquoi n'est-ce pas mon âme qui quitte la terre ? Cette idée de la mort ne m'effraie pas.

Mon Dieu, ayez pitié de cette pauvre Constance ! Mais son âme est déjà jugée... Oh ! miséricorde pour elle !

*

Arromanches, 3 août 1889.

Merci, mon Dieu !

Ce matin Lucie m'a emmenée gentiment et

j'ai communié. Hier nous avions passé l'après-midi toutes deux dans la campagne ; je lui avais parlé, elle a été bonne et Dieu sait la reconnaissance que je lui en ai.

Ce soir, j'ai prêté un petit livre des Patronages à la bonne d'enfants. La cuisinière aussi ira à la messe, je suis contente. Quelle belle et sainte mission que d'avoir charge d'âmes, faire du bien, attirer à Dieu !

C'est le vrai bonheur sur la terre. Il y a des déceptions, mais il faut s'y attendre tant que nous ne serons pas là-haut. Oh ! Jésus, je ne désire pas encore le Ciel. Il faut que je vous gagne des âmes. Que votre volonté soit faite sur la terre comme au ciel, dans la vie, dans la mort, dans l'ennui, le dégoût, le zèle, la ferveur, partout et toujours, *amen !*

*

Jeudi, 15 août 1889.

Jour de l'Assomption de la très sainte Vierge Marie, ma Mère.

Qu'il m'a paru long ce jour qui a dû être si beau pour tant de chrétiennes dans leurs pieuses réunions d'Enfants de Marie !

J'ai communié cependant ; oui, ce matin, calme et heureuse, toute seule, à la messe de 8 heures, j'ai reçu mon Sauveur Jésus, mais le monde a jeté sur ma journée des ombres noires qui me l'ont rendue amère..

A la messe, j'étais à côté de personnes mondaines qui parlaient, je me suis fait un rempart de mes deux mains pour me tenir dans le recueillement.

Après la messe j'ai pu rester seule une demi-heure et faire le Chemin de la Croix.

Puis la présence de B., avec ses paroles à demi voilées et ses causeries de théâtre, me fait mal.

O ma sainte pureté, enveloppez-moi. Tout n'est que misère, péché ici-bas. Où donc trouver Jésus, la pureté infinie ?...

Enfin, j'ai été empêchée d'aller au Salut, à la procession qu'on regardait en ayant l'air de s'en moquer. En rentrant, j'ai sangloté.

Vivre sans vous au milieu de ceux qui se moquent, entendre l'impureté, le dédain ; rester là dans le matérialisme et le sensualisme dégradants, sans entendre une parole qui relève ! *Excelsior !* plus haut, plus haut, ma pauvre âme, sors de la boue, élève-toi avec la sainte Mère de Dieu, reste au ciel, ne redescends pas sur la terre, il fait noir, tout est triste...

*

Mercredi, 25 septembre.

Je suis maman en visite, là ou ailleurs, peu importe, mais quand il faut passer comme tout à l'heure devant mon couvent, entrer à peine trois minutes, et encore c'est la première fois depuis bien longtemps que nous entrons pour adorer le Saint Sacrement, oui, je puis bien l'écrire, cela me brise.

Allons, pauvre machine, travaille, mange, dors, promène-toi, et puis marche vers le but suprême : la mort.

Mes actions sont peu de chose et ma parole, quand je parle du bon Dieu, trouve peu d'écho... Geneviève n'aime pas assez Notre-Seigneur.

*

Mardi, 22 octobre 1889.

La journée est finie. Qu'elle m'a paru longue, lassante, énervante ! Il est venu du monde, on a parlé, je suis encore à me demander ce qu'on a dit d'intéressant... ô stupides questions de toilette, de figure, de vie mondaine ! J'ai comme un brouillard sur l'âme, un engourdissement, et je cherche si, au milieu de tout cela, ma pauvre âme a su prendre son vol vers Dieu ?

Il y a tant de bonnes et saintes choses à faire sur la terre, tant de pauvres, tant d'enfants ignorants, tant de malades, et Notre-Seigneur à visiter, le soin des églises, travailler pour Dieu, employer ses petits talents à orner les autels, vivre enfin de la bonne et sainte vie intérieure.

Mais celle que mène la foule, cette vie sans but, inoccupée ou remplie d'une vanité, d'une robe, d'une fête ! non ! cela ce n'est pas vivre et s'il me fallait rester ici, je crois que je finirais par devenir idiote ou folle...

J'ai besoin de la force d'en haut, des sacrements, de la prière, besoin de respirer un peu l'atmosphère du ciel, car l'air de la terre m'étouffe.

* * *

Ainsi prend fin le JOURNAL de Thérèse.

Ainsi se termine le premier acte de ce drame d'amour, où une jeune fille de vingt ans, parée des fleurs de la jeunesse et de la grâce, dédaigne les plaisirs éphémères et les grossiers enivrements de la volupté qui passe, pour fixer son choix dans la lumière sereine et la divine atmosphère d'un bonheur qui doit durer éternellement.

Elle a sondé d'un regard ému les profondeurs du néant des affections humaines ; elle a prêté une oreille distraite au bruit confus et mêlé du murmure indéfinissable qui est comme la respiration des foules ; elle a frissonné d'horreur au bord de l'abîme où folâtre une jeunesse insouciante et légère ; elle s'est redit fréquemment dans le secret de son cœur le tragique mot du poète :

> Chaque pas dans la vie est un pas vers la mort.

Enfin, elle a compris qu'il n'est au monde d'angoisse plus crucifiante que l'affreux malheur de vivre sans aimer Dieu.

Sa résolution est irrévocable : Dieu seul ! Dieu seul !

VI

Marie-Auxiliatrice.

SOMMAIRE. — Ame de feu. — Volonté de fer. — « Quand tu auras vingt-cinq ans. » — L'évasion. — Appréciations du monde sur la vocation religieuse. — Sous l'inspiration d'en haut. — A la rue de Maubeuge. — La Société de Marie-Auxiliatrice. — Son origine. — Ses œuvres. — Choix de Thérèse. — Réponse au *Quo vadam.*

THÉRÈSE Duquesne a vingt et un ans. Dieu l'appelle à son service dans la vie religieuse. Depuis longtemps déjà, dès la première manifestation des volontés divines, elle a répondu : *Ecce ancilla Domini.*

Aujourd'hui, de toute son « âme de feu », elle accentue son adhésion catégorique, « non pour être contente, mais pour contenter Dieu ».

Il s'agit maintenant de mettre son projet à exécution. Elle hésite à faire des ouvertures qui seraient accueillies avec dédain, repoussées peut-être avec indignation... Depuis quelques mois, elle observe le silence sur certaines questions irritantes, elle surveille ses démarches pour éviter tout froissement ; elle paraît satisfaite de son sort, contente d'elle-même et des autres, très gaie à l'intérieur du foyer, exubérante même avec ses amies. Il semble que les réjouissances du monde lui plaisent et qu'elle y prend sa revanche...

Cependant, l'heure du sacrifice est proche.

Thérèse a souvent fait à Dieu cette prière :

« O mon Sauveur, brisez tout, brisez mon cœur, s'il le faut, en le séparant de mes parents bien-aimés, de ma petite sœur chérie ; mais que je vous appartienne sur la terre et dans le ciel pour toujours ! »

Voici que tout semble s'opposer à la réalisation de son ardent désir :

« Que d'obstacles ! Je suis effrayée quand je les sonde. A la grâce de Dieu ! Ne puis-je pas espérer qu'il prendra soin de moi, quand il ne laisse pas périr de froid le pauvre petit oiseau pourchassé par l'hiver ? »

C'est un père qui se montre de plus en plus attentif à faire plaisir à sa fille, toujours aux petits soins pour lui être agréable. Lui, si éloigné encore des clartés de la foi, comment lui broyer le cœur en lui infligeant une peine sans consolation ?

C'est une mère tendrement aimée, en dépit des sacrifices acceptés, d'ailleurs, sans ombre de ressentiment. Elle est si bonne, si indulgente, si caressante même en ses épanchements de cœur !... Est-il permis de paraître indifférente et ingrate à son égard ?

C'est Geneviève, de onze ans plus jeune que sa sœur, gâtée à cause de cela et élevée par elle dans la plus douce intimité. Ensemble, elles ont tant prié, travaillé, ri, pleuré ! Leur chambre commune a si souvent ressemblé à un sanctuaire où l'on dressait, pour le mois de Marie, le mois du Sacré-Cœur, des Saints Anges, un autel couronné de verdure et de lumières... Oh ! ces joies partagées, ces petites querelles qui finissaient toujours dans un baiser, ces confidences !... Qui donc aurait le courage de rompre des liens indissolubles ? Qui oserait briser, par une brusque séparation, des cœurs que Dieu avait unis ?...

Pourquoi ne pas se construire un nid soyeux à l'abri des orages et jouir d'un bonheur tranquille, fait d'affection, de concessions réciproques et d'aimable condescendance ?...

***

Un soir, au salon, triomphant de sa timidité, Thérèse se hasarde à confier son secret à sa mère pour solliciter son consentement.

La réponse ne se fit pas attendre, car le coup était depuis des années prévu et attendu :

— Es-tu folle ?... Quand tu auras vingt-cinq ans, nous en reparlerons.

Cette décision, énergiquement prononcée, équivalait à un refus.

La jeune fille n'insista pas, et dès lors, il n'en fut plus question.

Seul, le silence est grand, tout le reste est faiblesse.

Sur ces entrefaites, on annonce une agréable surprise : le prochain mariage d'un cousin germain de Thérèse, laquelle accepte de figurer à la cérémonie en qualité de demoiselle d'honneur. Excellente occasion pour favoriser d'autres fiançailles que préparent déjà des relations soigneusement concertées par l'habile sollicitude de Madame Duquesne !

Discrétement mise au courant de tout, la jeune fille ne peut que rire du procédé, en attendant que s'écroule, comme un château de cartes, le beau rêve de « son mariage ». Sans mot dire, elle laisse faire les préparatifs de la fête, qui doit avoir lieu le 31 mai suivant.

La veille, plus assidue que jamais à prodiguer à sa petite sœur, avec des trésors de tendresse, des conseils que Geneviève se rappellera toute sa vie et qui lui servent aujourd'hui encore de stimulant pour s'orienter dans la solide habitude des vertus chrétiennes :

« Regarde bien, ma chérie, ce Jésus en croix. Il nous a aimés jusqu'à mourir pour nous. Aime-le toujours. A ses pieds tu comprendras, un jour, ce qu'est la vie. Il faut souffrir beaucoup, et avec résignation, pour aller au ciel... Aux heures plus sombres, tu lui diras : « Peu importe, ô mon Dieu ! il faut que votre volonté se fasse et c'est là l'unique nécessaire... »

Tandis que l'enfant dormait sous l'aile de son ange gardien, la grande sœur, à genoux, écrivait à son père et à sa mère une lettre pleine d'amour, de regrets, de promesses, d'espérance... De temps à autre, elle interrompait son travail pour essuyer une larme, pour exhaler un soupir : « Si tu les aimais, tu ne partirais pas ». Puis, après un long regard sur le Crucifix, elle continuait d'épancher son cœur saignant sur les pages que lurent, stupéfaits, Monsieur et Madame Duquesne à leur réveil matinal.

Leur fille avait disparu.

Furtivement, à la pointe du jour, après un baiser à Geneviève endormie et un signe de croix sur le front de la petite, elle avait quitté le toit paternel, avec la sérénité profonde de l'âme qui veut ce que Dieu veut. Ne la cherchez pas au sein des assemblées bruyantes, parmi les partisans des terrestres félicités, sur les chemins du plaisir et des frivolités. Elle s'est réfugiée, timide colombe, dans la paisible solitude d'une humble chapelle où réside son unique Bien-Aimé.

Blottie entre l'autel et le vestibule, dans la pénombre du sanctuaire de la rue de Maubeuge, la fugitive s'attarde de longues heures à savourer les joies de son sacrifice...

Enfin, elle respire à l'aise dans cette atmosphère où son cœur se dilate, où son âme tressaille, ravie des beautés surnaturelles que son regard intérieur contemple avec délices. Son bonheur se reflète sur ses traits. Elle se donne sans réserve au service du Maître... Oh ! ce matin du

31 mai 1890, comme elle s'en souviendra pour bénir et remercier la sainte Vierge de lui avoir obtenu la force et le courage de rompre les liens qui la retenaient captive !

Elle se considère comme le petit oiseau échappé à sa prison, comme l'exilé de retour dans sa patrie. Pas une ombre de tristesse n'effleure sa pensée. Débarrassée d'un fardeau insupportable, elle n'aspire qu'à prendre sur ses épaules le joug suave et léger du Sauveur.

* * *

Mais que penser d'un départ qui ressemble à une fugue ? En ce siècle de naturalisme où l'homme juge surtout d'après les apparences, la détermination de Thérèse et surtout l'exécution anormale de son projet, le jour même où, demoiselle d'honneur, elle doit se montrer éblouissante, furent sévèrement critiquées par la famille et la plupart des personnes qui apprirent l'étrange nouvelle.

On ne parlait rien moins que d'une odieuse trahison, injurieuse pour les siens et même préjudiciable aux vrais intérêts de la religion ; on stigmatisait une telle conduite si peu conforme aux sentiments de la piété filiale. Pour autant, Monsieur Duquesne eût accusé les Religieuses de Marie-Auxiliatrice d'avoir favorisé la « folle escapade » de son aînée. Ses prétentions tombèrent d'elles-mêmes devant l'évidence des faits ; mais il déclara que jamais plus il ne reverrait Thérèse.

Celle-ci avouera plus tard qu'elle avait agi « sous l'inspiration d'En-Haut », n'attribuant qu'à la divine grâce ce qu'elle appelait « sa conversion ». Pour qui analyse cette belle âme, il apparaît que seul l'esprit de Dieu l'anime et la guide. Elle jouit d'une vie intérieure intense : c'est tout dire. Dès lors s'expliquent ces ascensions mystérieuses qui la portent jusqu'aux sommets de la sainteté.

* * *

En se présentant au noviciat de la vie religieuse, à l'âge de 21 ans accomplis, la future épouse de Jésus-Christ n'est pas une débutante dans la voie de la perfection. Déjà son âme rayonne dans la splendeur du divin Soleil. Depuis longtemps — les pages précédentes l'attestent — elle s'applique à penser, à juger, à aimer, à vouloir, à souffrir, à travailler en union avec le Sacré-Cœur. Elle a réalisé l'idéal de vie surnaturelle formulé par saint Paul : « *Ce n'est plus moi qui vis, c'est le Christ Jésus qui vit en moi.* »

Mais elle ne bornera pas ses efforts à se maintenir en cet heureux état. Nous la verrons s'élever degré par degré, dans la lumière, s'éloignant de plus en plus des créatures afin de s'unir étroitement à son Créateur. Sa fidèle correspondance à la grâce lui permettra, durant le court espace de son rapide pèlerinage ici-bas, de reproduire dans sa conduite les exemples du divin Modèle.

Attentive, à chaque moment, à faire la volonté de Dieu, elle tirera profit des divers exercices de la journée : prière à dire, messe à entendre, actes de patience, de zèle, de renoncement, de lutte, de confiance, d'amour à produire. Tout contribuera, dans une large mesure, à augmenter ses mérites. Ce n'est pas elle qui pactisera jamais avec la dissipation, le relâchement, la tiédeur, les illusions, l'aveuglement.

* * *

La vénérée Supérieure de Marie-Auxiliatrice, en recevant, pour la première fois, les confidences de Thérèse, ne peut s'empêcher de discerner en elle des vertus et des qualités peu ordinaires, en même temps qu'elle constate les indices d'une très sérieuse vocation. D'ailleurs, la plupart des Religieuses ne connaissent-elles pas l'ancienne pensionnaire de la rue de Maubeuge ? Elle consent donc à lui offrir l'hospitalité et à l'admettre au Postulat jusqu'à ce qu'il plaise à Dieu de révéler ses desseins.

Peu à peu l'orage qui avait éclaté soudain dans la famille Duquesne se calma forcément. Nul ne pouvait contraindre la jeune fille à réintégrer le foyer ; ayant atteint sa majorité, elle usait de ses droits en toute liberté d'allures.

Le coup n'en fut pas moins sensible pour les

siens et très pénible pour elle-même. Sa tendre et profonde affection pour Geneviève, le culte de filial respect et de fervent amour dont elle entourait son père et sa mère, furent un douloureux sacrifice pour son cœur tout imprégné d'exquise sensibilité.

Cependant, celle qui a noté au jour le jour dans son JOURNAL les menus détails de sa vie de jeune fille, et, plus tard, les impressions multiples éprouvées dans l'accomplissement de sa tâche journalière, n'a pas laissé trace des sentiments qui accompagnèrent et suivirent les heures tragiques de la séparation. Pas un mot, pas une larme, pas un regret ne trahirent alors ses émotions intimes.

« Quelle somme de vie intérieure elle avait déjà ! » dira quelques années plus tard Mère Marie-Gertrude en rappelant ces débuts.

Cette remarque explique, croyons-nous, son apparente indifférence. Sa soif de vivre de Jésus lui donne et le désir de plaire en tout à Dieu et la crainte de lui déplaire en quoi que ce soit. En cette circonstance, notamment, elle garde son cœur dans une générosité assez grande pour que ne soit pas étouffée la voix de Celui qui l'appelle dans la solitude, et pour que son sacrifice soit plus méritoire.

Un mobile purement humain dicte parfois le détachement extérieur de la créature. Une jeune fille a entrevu à travers le prisme de ses illusions un idéal de vie parfaite qui l'attire et la fascine. Son imagination fait miroiter à ses yeux les joies de l'oblation ; elle poursuit l'objet de son rêve avec ténacité. Aucun obstacle au monde, semble-t-il, ne l'empêchera de l'atteindre. Et voici que la première difficulté comprime son élan, brise sa volonté et paralyse ses mouvements. En vérité, elle a prétendu se passer de la grâce de la vocation, en prenant ses velléités pour des vouloirs divins ; elle a consulté des sentiments humains qui ne cadrent pas avec les conseils d'une sagesse surnaturelle. C'est un désordre. « *Sans moi vous ne pouvez rien* ». On ne bâtit pas un édifice sur le sable mouvant.

Par ailleurs, combien de vocations n'aboutissent pas, détruites au moment de leur épanouissement par ceux-là mêmes qui devraient en être les protecteurs-nés. Si les parents chrétiens pouvaient voir des yeux de la foi le préjudice qu'ils se causent en s'opposant au choix que le Seigneur a fait de l'un des leurs pour son service, ils ne s'exposeraient jamais à un tel malheur. Je comprends que leur peine soit grande, attendu qu'ils n'ont pas pour l'alléger les grâces de la vocation que possède l'élue de Dieu ; mais aussi quelle surabondance de vraies joies et de célestes faveurs aurait été, pour eux, la conséquence de leur sacrifice !

C'est ce que comprit, un peu plus tard, la famille Duquesne.

***

Avant de suivre Thérèse dans le chemin où la Providence l'a placée, il convient de faire plus ample connaissance avec Marie-Auxiliatrice. Ce sera proclamer que nulle part, mieux qu'au sein de cet Institut, notre jeune vaillante ne pouvait rencontrer un milieu plus propice à sa soif d'aimer et de se dévouer.

La petite semence qui tombe dans une bonne terre porte des fruits au centuple.

La Société de Marie-Auxiliatrice a pris naissance dans le Cœur de Dieu, touché de pitié, sans doute, pour les innocences et les faiblesses en danger.

Sa mission révèle une attention délicate de la divine Sagesse qui oppose à des calamités nouvelles un remède nouveau.

Il semble bien, en effet, que la Providence, en suscitant une légion d'âmes ardentes et généreuses, ait voulu offrir une protection maternelle à la jeune fille arrachée au foyer de son enfance et lancée toute seule dans la grande ville, à l'âge où les attraits de la séduction l'exposent à tous les périls de l'âme et du corps.

Pour accomplir ses desseins, Dieu choisit une jeune fille de vingt ans, Sophie de Soubiran, devenue en religion Mère Marie-Thérèse, « dont l'âme était faite de bon sens ferme, d'intelligence vive, de sensibilité délicate, de volonté droite et d'inaltérable bonté [1] ».

L'œuvre débute très modestement, en l'année 1854, dans la petite ville de Castelnaudary.

Plus modeste encore le but qu'on se propose : « Les Sœurs devront se considérer comme les dernières parmi celles qui servent le Seigneur, trouvant naturel d'avoir pour lot ce qui est laissé par les autres..., heureuses de servir dans un esprit de simplicité et de sainte petitesse, comme il convient aux plus petites servantes, choisies par Dieu pour ses petites œuvres... »

Ecce ancilla Domini ! Voici la servante du Seigneur : telle est la devise préférée de la jeune fondatrice et de ses compagnes.

Tel a été le rôle de l'Auxiliatrice dans les divers sillons confiés à son dévouement.

Un observateur autorisé en a tracé ce portrait : « Carmélite apôtre ; contemplative soldat ; ayant au cœur des ardeurs de sainte Thérèse, mais aussi pour le combat les énergies et le zèle d'Ignace de Loyola ; tour à tour à genoux devant le Dieu de l'Eucharistie exposé sur l'autel ; puis à l'action, toujours prête à porter aux âmes ce que pour elles elle a reçu de Dieu [2]. »

[1] *La Fondatrice des Sœurs de Marie-Auxiliatrice*, par le chanoine Théloz, en vente à la Maison-Mère de l'Institut, 25, rue de Maubeuge, Paris, IXe.

[2] *Marie-Elisabeth de Luppé, supérieure générale des Religieuses de Marie-Auxiliatrice*, par le R. P. Jules Grivet, *S. J.* — En vente à la même adresse.

Adoration perpétuelle du Saint Sacrement, apostolat sous toutes ses formes au sein de la jeunesse féminine : voilà bien la caractéristique de la Congrégation de Marie-Auxiliatrice.

Son nom, d'ailleurs, en marque nettement le double caractère. *Marie*, c'est le repos de la contemplation ; *Marie-Auxiliatrice*, c'est l'effort de l'action sortant plus vif et plus ardent du repos même de la contemplation ; repos fécond qui devient ainsi la source toujours pleine d'où jaillit un intarissable dévouement.

Est-il un plus bel idéal à proposer aux aspirations des âmes appelées à la vocation religieuse ?...

On comprend, dès lors, les progrès rapides de la Société et les merveilles opérées par ses membres, qui font d'une vie contemplative intense le ressort d'une vie active dépensée au soulagement des faiblesses les plus humbles et des misères les plus abandonnées.

* * *

Le 14 novembre 1855, Mgr de la Bouillerie, recevant les vœux des premières religieuses, dit au cours de son allocution : « Je plante le grain de sénevé qui doit devenir un grand arbre. »

La prédiction de l'éloquent évêque s'est réalisée.

Parmi les principales œuvres de Marie-Auxiliatrice, citons les Maisons de Famille, où les jeunes ouvrières, dans les centres populeux du commerce et de l'industrie, trouvent un abri, une préservation, un foyer. Là, sous le toit du bon Dieu, dans l'amour de la chambrette, il y a en germe l'amour du chez-soi, des habitudes d'ordre et d'économie, l'activité au travail et la générosité pour le devoir qui coûte, puisés dans l'esprit chrétien.

Marie-Auxiliatrice n'est pas une grande dame qui fait l'aumône, c'est une mère qui élève ses enfants.

Elle les entoure d'une tendre sollicitude, s'ils sont atteints par la maladie.

De là l'institution des MAISONS DE MALADES. Qui ne connaît l'œuvre de Villepinte ? Les religieuses se consacrent dans différents SANATORIUMS au soin des phtisiques que le microbe de la tuberculose paralyse en pleine jeunesse.

Touchées de ce mal qui devient si rapidement mortel, les jeunes ouvrières étaient abandonnées à leur malheureux sort. La ville de Paris livrait à peu près sans défense, chaque année, au moins 11.000 victimes à la terrible maladie. L'œuvre de Villepinte, grâce à l'industrieuse charité des Sœurs Auxiliatrices, a produit d'excellents résultats : plus de 30.000 malades y ont été traitées. Même dévouement et pareil succès dans les SANATORIUMS d'Hyères, de Champrosay et d'Epernay.

Que de belles pages à écrire, que d'actes d'héroïsme à relater, que de traits sublimes à mettre en relief, si l'on voulait publier l'histoire de ces fondations !

Divine charité, c'est ici ton empire :
Qu'il fait bon, qu'il fait clair, sous ces treillis en fleurs !
Le front s'est redressé, la poitrine respire,
Et dans les yeux voilés la foi sèche les pleurs.

« L'œuvre des tuberculeuses à Villepinte en particulier, écrit Mgr Latty, est une merveille de la charité chrétienne : il n'y a rien de mieux, je crois, dans les annales du bien ; et l'on comprend que, chaque année, l'Académie française aille, dans quelqu'un de ses membres les plus éminents, y déployer sa belle éloquence et louer une œuvre qui reste au-dessus de tout éloge. »

Notre-Dame de Lourdes semble lui avoir donné des témoignages de particulière prédilection en multipliant les miracles en faveur de ses malades.

Manifestement *le doigt de Dieu est là.*

* * *

Que dire des Maisons d'éducation [1], pensionnats et externats, jaillies de la même idée : la protection de la jeune fille, quelle que soit la classe sociale à laquelle elle appartienne, dans les divers dangers qu'elle peut rencontrer ?...

Enfin, pour clore le cycle des œuvres inspirées

[1] Les maisons d'éducation de France ont été fermées par décret du gouvernement en 1904 ; celles d'Italie et d'Angleterre fonctionnent toujours librement.

par le zèle, il y a les MAISONS DE MISSION qui n'excluent rien de ce qui peut fournir à Marie-Auxiliatrice l'occasion d'un dévouement sans bornes.

Toutes les maisons de la Société sont ouvertes aux personnes du monde et spécialement aux jeunes filles pour des retraites particulières ou générales...

On le voit, vaste est le champ d'action ouvert au zèle des religieuses.

La Règle — celle de saint Ignace — les exerce à une forte discipline. Après deux années de noviciat, elles entrent joyeusement dans l'emploi qui leur est assigné et se donnent sans réserve à leurs « chères enfants » ; elles sont appelées à prononcer les vœux perpétuels après six ans de profession.

« Si elles sont actives comme des missionnaires, remarque un pieux prélat, patientes, bonnes et douces comme des mères, c'est à leurs « heures » d'adoration qu'elles le doivent ; et leurs journées de labeur, qui se prolongent si avant dans la nuit, ne leur paraissent courtes et légères que par leur rapport à l'œuvre de rédemption dont l'Eucharistie est le centre générateur. »

Ajoutons que la Société de Marie-Auxiliatrice, hautement louée et encouragée à ses débuts par Pie IX, a été approuvée par Léon XIII, le 30 janvier 1901.

Elle a donc son rang parmi les familles religieuses dont la sainteté embaume le jardin de l'Eglise ; elle est reconnue, par la plus haute autorité de la terre, comme une des branches de l'arbre planté par le Christ, apparaissant en un siècle d'égoïsme pour donner, à la plus grande gloire de Dieu, sous forme réclamée par les besoins nouveaux, les fruits de la plus exquise charité.

* * *

Que fallait-il de plus pour fixer définitivement le choix de Thérèse ? Il fut un temps — nous l'avons dit — où, perplexe, elle cherchait sa voie. L'austérité du Carmel paraissait d'abord l'attirer, de préférence à tout autre Institut où la vie active est en honneur. Puis, le dévouement apostolique des Filles de la Charité lui parut convenir à son tempérament. Vainement avait-elle essayé de trouver un guide capable d'éclairer sa marche incertaine et de diriger ses pas hésitants. Il lui avait fallu subir l'inflexible consigne qui lui interdisait l'accès des églises et des visites fréquentes à ceux qui ont mission de conduire les âmes dans les voies du salut.

Précisément, le rigorisme de Madame Duquesne devint l'instrument dont Dieu se servit pour amener la jeune fille à la place qu'il lui destinait dans une Congrégation dont le double but est « l'adoration du Très Saint Sacrement » et une

« immolation constante » en faveur des âmes les plus délaissées.

Son « JOURNAL » en fait foi : très souvent sous sa plume éclate son véhément désir de vivre le plus près possible du Tabernacle, d'aimer Jésus-Hostie, de le consoler, de le recevoir dans son sacrement. Sentinelle vigilante, elle a étudié les sentiments de son cœur : impressions, intentions, passions, inclinations, en un mot tous ses actes intérieurs et extérieurs, pensées, paroles, actions, et elle se rend compte que son « centre de force, comme son foyer de repos et de joie », c'est l'Eucharistie.

De plus, le spectacle qu'elle a sous les yeux, dans le monde, c'est l'abandon au point de vue moral de la plupart des jeunes personnes de son âge et de sa condition. De là, ce besoin incessant de se dépenser corps et âme pour les arracher aux périls qui les guettent...

Telle est l'œuvre que se propose Marie-Auxiliatrice. Est-il ministère comparable à celui-là ? Quelle vie religieuse plus idéalement belle que la vie de ces Mères dont le souvenir est si vivant dans son cœur ! Comment pourrait-elle oublier ces admirables femmes qu'elle a vues, pendant une période de sept années, radieuses comme des anges au pied de l'Ostensoir, vaillantes et courageuses comme des héros sur le champ de bataille de l'apostolat ?

Ajoutons une coïncidence manifestement voulue

de Dieu pour l'accomplissement de ses desseins : Quelques mois avant l'entrée de Thérèse à la Communauté de la rue de Maubeuge, la famille Duquesne était venue habiter à proximité de son cher Couvent. Elle jouissait même de la facilité d'assister presque chaque jour à la Messe et d'y faire la sainte Communion.

Qu'y aurait-il d'étonnant que Jésus, répondant aux pressantes questions de sa future épouse : *Quo vadam et ad quid*[1] ? ne lui ait dit nettement comme à tant d'autres de ses devancières : « *C'est ici que je te veux. Aime-moi, cela suffit.* »

[1] Où irais-je ? Et à quoi ? (S. Ignace.)

VII

Au noviciat.

SOMMAIRE. — Renouveau. — A Jésus par Marie. — Sous le voile blanc. — Admonitrice du Noviciat. — Vie d'union à Dieu. — Un ciel anticipé. — Folie des mondains. — Vraie sagesse. — « C'est la règle vivante. » — Cœur viril dans une frêle enveloppe. — En marche vers les cimes.

QUAND, au matin du 31 mai 1890, Thérèse Duquesne eut franchi le seuil du couvent, la Société de Marie-Auxiliatrice sortait d'une longue et cruelle épreuve.

« Lorsque Dieu veut qu'une œuvre soit toute de sa main, dit Bossuet, il réduit tout à l'impuissance et au néant, puis il agit. »

C'était donc l'heure de l'intervention et de l'action divines. Par conséquent, c'était l'heure aussi d'un renouveau dans la vie et les œuvres de l'Institut.

Une nouvelle Supérieure Générale, digne émule de la Fondatrice, la Révérende Mère Marie-Elisabeth de Luppé, sans mesurer ses forces, employait ses éminentes qualités et les dons qu'elle avait reçus du ciel à faire fleurir partout l'esprit de prière, la sainteté de vie : ces deux grands moyens d'action et sur le Cœur de Dieu et sur le cœur des hommes.

Mère Marie-Angèle, son assistante, — celle-là même qui lui succédera plus tard à la tête de la Congrégation — exerçait alors les fonctions de Maîtresse des novices.

Ces deux grandes Auxiliatrices s'entendaient admirablement à seconder les desseins de Dieu et à inculquer profondément dans les âmes l'esprit de la Fondatrice.

Un digne fils de saint Ignace, le R. P. Auriault, donnait des conférences aux novices et dirigeait les retraites de la communauté avec cette perfection qui assure toujours le succès.

Aussi, quelle abondante affluence de tous les biens ! Diligente abeille, la jeune *postulante* va gaiement construire de nouveaux rayons dans la ruche déjà parfumée des senteurs du Paradis.

Durant quelques mois, mêlée aux Religieuses, mais encore revêtue des habits du monde, Thérèse Duquesne jouit d'un bonheur et d'une paix qu'elle n'avait jamais connus.

Son programme de vie intérieure tient en quatre mots : « A Jésus par Marie. »

Aller à Jésus par Marie, n'est-ce pas le chemin le plus sûr ? Recourir à cette bonne Mère devient un moyen facile de persévérer jusqu'à la fin.

Elles le savent, les Religieuses de Marie-Auxiliatrice, pour avoir constaté maintes fois la réalité de cette affirmation. Sous la blanche bannière de l'Immaculée, leurs âmes acquièrent deux qualités très chères au Cœur de son Fils : une sainte indifférence à toute créature et une entière conformité à la volonté de Dieu. Que faut-il de plus pour les établir dans la joie ? Même au sein des épreuves, pour elles se réalisent les paroles d'Isaïe : *Alors ta lumière éclatera comme l'aurore, et ta guérison germera promptement ; ta justice marchera devant toi ; la gloire de Jéhovah sera ton arrière-garde. Alors tu appelleras et Jéhovah répondra ; tu crieras et il dira : Me voici... Et Jéhovah sera ton guide continuel ; il rassasiera ton âme dans les lieux arides, et il donnera de la vigueur à tes os ; tu seras comme un jardin bien arrosé, comme une source dont les eaux ne tarissent jamais* [1].

Voilà bien, en raccourci, le tableau que nous offrent les différentes Maisons de Marie-Auxiliatrice. On y goûte, au milieu d'une solitude calme, aisée, sans contention, les douceurs de la confiance et de la paix. Si les forces trahissent la bonne volonté, la toute-puissante Auxiliatrice, trésor de la famille, assure toujours le secours de Dieu, gage de succès pour les œuvres.

A cette époque, le Noviciat était installé dans un hôtel de l'avenue d'Iéna. C'est là que Thérèse, le 6 janvier 1891, après un *postulat* qui avait duré

[1] Is., LVIII, 8, 9, 11.

sept mois, reçut, avec l'habit de l'Auxiliatrice, le nom de Sœur MARIE-BERCHMANS. Personne de sa famille ne voulut assister à la cérémonie de la prise d'habit. Ni son père, ni sa mère, ni même sa chère petite Geneviève ne lui avaient donné signe de vie depuis la date du 31 mai.

Dans la suite, Madame Duquesne, sur les instances de la benjamine qui se prépare à sa première Communion, consent à l'amener au parloir ; mais défense formelle à celle-ci de voir son aînée sans être accompagnée de deux témoins.

On lui tenait toujours rigueur de n'avoir pas été et de n'être pas « comme les autres ».

Quelles humiliations et quelles souffrances !...

Sous son voile blanc, — c'est le signe distinctif des novices — elle en savourait l'amertume en silence.

Quelques semaines après sa prise d'habit, Sœur Marie-Berchmans fut nommée *Admonitrice* du noviciat. Investie de sa nouvelle charge, elle dut se faire l'intermédiaire entre ses compagnes et la Maîtresse des novices pour transmettre les ordres, en assurer l'exécution, veiller à la conservation des usages dans les menus détails de la vie du Noviciat. Elle s'en acquitta toujours avec tact et sagesse. Sans bruit, moins par des paroles que par son exemple, en dépit d'une santé maladive, doucement elle montrait le devoir et donnait l'ambition du « *toujours mieux!* » Si les Supérieures l'avaient jugée apte à remplir convenablement cette délicate mission, elle était seule à ne pas croire qu'il pût en être ainsi. Habituée à se conformer au bon plaisir divin, elle avait accueilli cette charge comme une invitation miséricordieuse de la Providence à jeter son âme dans le creuset, sans pitié pour ses récriminations. A l'entendre, elle ne se connaissait que des infirmités et des faiblesses, tandis que ses Sœurs l'édifiaient grandement par leur zèle à pratiquer les vertus religieuses.

Ces vertus religieuses, ne les possédait-elle pas à un haut degré, avant même de faire l'apprentissage de l'état de perfection ? Dès sa sortie de pension, nous l'avons vue attelée à ce travail de vigilance, de renoncement et de mortification, base insdipensable de l'édifice spirituel ; nous l'avons entendue se plaindre de ses emportements, de sa dureté de cœur, de son égoïsme et de toutes les manifestations de l'orgueil, tristes conséquences du péché originel. Avec quelle énergie elle résistait à l'appât du plaisir, se détachant de tout ce qui peut faire aimer l'ici-bas pour se livrer à l'action toute-puissante de la grâce !

Quel chemin parcouru en si peu de temps ! A ses yeux rien de tout cela ne compte. La tâche qui lui incombe est immense, pense-t-elle. Son cœur est consumé du désir de plus en plus intense de s'attacher aux beautés invisibles des vertus à acquérir pour imiter celles du divin Exemplaire.

« Vous me demandez ce que j'ai fait pendant mon Noviciat ? répondait un jour le Père de Ravignan. Nous étions deux, j'en ai jeté un par la fenêtre et je suis resté seul. »

Sœur Marie-Berchmans n'a pas eu à livrer pareil combat. Sans être à l'abri des assauts d'un ennemi toujours prêt à s'attaquer à l'âme enrichie des dons du ciel, elle a été protégée visiblement des retours de l'esprit naturel, tant elle avait acquis une facilité merveilleuse à se mouvoir dans les horizons de la vie intérieure.

Malgré une santé précaire, l'Admonitrice, au témoignage de la Maîtresse des novices, « s'acquitta de son emploi avec toute la perfection possible », toujours alerte et vigilante, uniquement soucieuse de faire le bien et de le bien faire, vivant dans l'union la plus constante avec Jésus ; se désaltérant plus que d'autres par la contemplation à la source de la vie, elle y puisait de plus vastes capacités de dévouement.

* * *

Dans cette atmosphère de ferveur, la chère novice s'épanouit comme la fleur cultivée en serre chaude. Convaincue de la nullité de son savoir, elle se met d'emblée à l'étude des devoirs de la vie religieuse ; elle exclut impitoyablement toute complaisance sur elle-même, tout retour sur sa vie dans le monde.

« Sa vie devint celle d'une novice fervente », observe une de ses compagnes, témoin de ses débuts ; « elle vivait constamment unie à Notre-Seigneur et attentive aux moindres prescriptions disciplinaires ».

Plus une âme se maintient dans une défiance absolue d'elle-même et plus elle s'identifie avec l'Auteur de la grâce, de façon à s'appliquer le mot de l'Apôtre : *Omnia possum in eo qui me confortat*[1] ; cette union à Jésus lui fait embrasser avec empressement et avec joie toutes les prescriptions de la Règle.

Dès qu'il est question de « prescriptions disciplinaires », le monde crie au scandale ! Il ne voit, dit saint Bernard, que croix et afflictions, il n'aperçoit pas l'onction[2]. De grâce, gardez vos petits bonheurs et laissez-nous les épines crucifiantes. Ah ! si vous saviez ce qu'est le cloître avec ses austérités ! Je n'hésite pas à proclamer qu'il est un ciel anticipé. Comme sainte Marguerite-Marie, la petite postulante de Marie-Auxiliatrice chante sa béatitude :

Je possède en tout temps et je porte en tout lieu
Et le Dieu de mon cœur et le Cœur de mon Dieu.

[1] Je puis tout en celui qui me fortifie (Phil., IV, 18).
[2] *Crucem vident, unctionem non vident.*

* * *

« Ce qui me frappa en elle, dit une autre des contemporaines de Thérèse, ce fut, dès le premier jour, son attitude résolue, décidée, prête à faire tout ce qui lui serait commandé. On eût pu croire que depuis de longues années déjà elle vivait séparée du monde. »

Un tel état d'âme était la conséquence logique des luttes qu'elle avait eu à soutenir contre ceux qui prétendent que chacun doit « vivre sa vie ». La vaillante jeune fille, au contraire, selon le mot de saint Grégoire, « vivait avec elle-même[1] ». Vivre avec soi, en soi, au dire des maîtres de la vie spirituelle, c'est se gouverner soi-même, réduire l'imagination, la sensibilité, la mémoire au rôle de servantes de la volonté et conformer sans cesse cette volonté à celle de Dieu.

Magnifique programme de sainteté ! L'adopter hardiment, c'est déjà la marque d'une éminente sagesse et d'une rare fermeté de caractère. De la part d'une jeune Parisienne, vivant au sein de la capitale à la fin du XIXe siècle, c'est un fait à signaler à la présente génération. La grande majorité de nos contemporains ne connaît guère cette discipline des facultés. Elle ne sait que ridi-

[1] *Secum vivebat.* Par ce mot, saint Grégoire le Grand caractérisait la maîtrise de saint Benoît.

culiser et mépriser tout ce qui n'est pas affaires, jouissances, honneurs, plaisirs...

Il y a encore une élite de grandes âmes, même parmi les chrétiens de notre temps, dont l'essentiel consiste à vivre en état de grâce, dans l'amitié de Dieu, et à progresser chaque jour dans la vertu. Souhaitons que leur nombre s'accroisse pour l'honneur de la Religion et le salut de la Patrie !

* * *

Des adorateurs en esprit et en vérité, voilà ce que Notre-Seigneur réclame avant tout. C'est là, au pied du Tabernacle, dans la vie eucharistique, que prend sa source la sève de toute fécondité surnaturelle. Comme au temps des premiers chrétiens, le secret de l'abnégation, du dévouement, de l'héroïsme, se trouve dans la communion. Du tête-à-tête et du cœur-à-cœur avec Jésus-Hostie découlent des énergies assez puissantes pour changer la face du monde. Qu'elle est donc souverainement sage la Règle de Marie-Auxiliatrice, quand elle exige que les Sœurs se succèdent à tour de rôle et le jour et la nuit, devant le Saint Sacrement exposé, pour faire d'une vie contemplative intense le ressort d'une vie apostolique généreusement dépensée au service des âmes !

Comme elle appréciait la vertu de cette immolation cachée, dans la solitude de sa retraite, celle que le monde traitait de lâche et d'illuminée !

Comme elle aimait à réchauffer son zèle auprès de l'Hôte divin qui fait ses délices d'habiter parmi les enfants des hommes ! Comme elle se dédommageait, en communiant chaque matin, de ses privations forcées !

Son ardent désir de se dépenser lui faisait prendre les mesures nécessaires pour ne pas dérober à son emploi la plus petite parcelle de son temps. La Mère Supérieure la proposait comme un modèle à imiter. Ses compagnes résumaient leurs impressions d'un mot significatif : « C'est la règle vivante. » Son exemple stimulait les anciennes et favorisait la piété des plus jeunes.

* * *

Les appréciations de la communauté, en général, sur Thérèse Duquesne à l'époque de son Noviciat, mettent en plein relief les qualités que le lecteur connaît déjà : « A vingt et un ans, écrit une Mère, c'était une âme toute céleste, angélique, dans une enveloppe frêle et délicate, qui semblait ne tenir à la terre que par le fil de la volonté de Dieu, et dont la vie, les désirs et les aspirations fixés là-haut plongeaient dans l'éternité. »

Cependant rien ne serait plus faux que de voir en elle une de ces personnes indolentes qui considèrent le cloître comme une sorte d'oasis où

CHAPELLE DU NOVICIAT

l'on se réfugie pour couler paisiblement son existence. Sous cette « frêle enveloppe » battait un cœur viril, capable de toutes les audaces.

On le vit bien dès le lendemain de son arrivée à la rue de Maubeuge, quand un commencement d'incendie mit en émoi le dortoir des postulantes. Seule, elle garda son calme et parut impassible au milieu du danger, prêtant son concours sans rien perdre de son habituel recueillement.

Et jusqu'à la fin de sa vie elle agira de même, sans que ni les événements, ni les personnes ou les choses puissent troubler la paisible sérénité de son âme. Néanmoins, elle déploie une activité peu commune dans l'exercice des divers emplois qui lui sont attribués par l'obéissance. Nul labeur ne lui semble trop pénible.

Rien de plus assujétissant pour la nature que le travail des Novices. Il tend à la correction des défauts, contrarie la volonté, déclare la guerre à l'inertie et dompte les caractères les plus rebelles. Loin de s'en plaindre, notre aspirante supplie sa Maîtresse de ne pas l'épargner. Jamais la moindre hésitation en face du devoir ; jamais une dispense lorsqu'il s'agit de la Règle. Elle s'efforce de dominer ses répugnances pour faire en toutes choses la volonté de Dieu, lui être unie constamment, avoir l'œil fixé sur le but à atteindre et tout peser à la lumière de l'Evangile.

A la voir à l'œuvre, on sent que tout en elle, intelligence et cœur aussi bien que mémoire, sensibilité, imagination et sens, relève d'un principe supérieur. On est tenté de croire qu'elle progresse sans effort dans cette voie ardue, où tant d'autres piétinent sans avancer d'un pas. Dieu sait au prix de quel labeur Thérèse arrive à ces résultats. Tout travail pour la vertu nécessite, avec la grâce, une coopération personnelle sans cesse en éveil. Le chemin qui mène au royaume des cieux est pour tous indistinctement abrupt, rocailleux et difficile. *Et violenti rapiunt illud*[1]. Pour s'y maintenir il faut se faire violence.

* * *

Cependant, nous le constaterons plus loin, ces efforts renouvelés fréquemment, au début de la carrière, pour cheminer dans la voie du progrès, lui deviendront irrésistibles et faciliteront son avancement dans la perfection. « Ah ! si les âmes faibles et imparfaites sentaient ce que je sens, disait vers la même époque la petite Sœur Thérèse de l'Enfant-Jésus, aucune ne désespérerait d'atteindre le sommet de la montagne de l'Amour, puisque Jésus ne demande pas de grandes actions, mais seulement l'abandon et la reconnaissance. » Tel sera l'ascenseur qui élèvera notre adoratrice-apôtre jusqu'aux avenues du paradis.

[1] Matth., XI, 12.

Elle fera de sa vie un hommage incessant à la gloire de Dieu ; elle ira de vertu en vertu jusqu'à ce que le Souverain Juge lui dise : « Bonne et fidèle Auxiliatrice, entre dans la joie de ton Maître. » Cette joie sera le ciel avec ses torrents de délices, sa gloire incomparable et son éternelle félicité.

La sainte messe, la communion, la visite au Saint Sacrement, le culte de Jésus-Hostie : voilà pour elle la source première de la grâce, la plus nécessaire de toutes les dévotions, celle qui lui apporte le plus d'avantages et le plus de joies. Volontiers elle eût consacré des heures entières à l'adoration, devant l'ostensoir où Jésus réside par amour pour les hommes. Sa tendre piété lui suggérait mille pratiques de fidélité à l'Eucharistie. Non contente de s'unir en esprit aux prêtres du monde entier pour participer aux fruits de la célébration du saint Sacrifice, elle se transportait par la pensée devant le Tabernacle des églises où le divin Prisonnier sollicite en vain l'adoration des fidèles, et d'ardentes prières jaillissaient de son cœur tout embrasé d'amour de Dieu.

VIII

Professeur-apôtre.

SOMMAIRE. — Vie intérieure. — Profession. — Première obédience. — Maîtresse de classe à l'avenue d'Iéna. — — Lycée chrétien. — De 1893 à 1904. — Apostolat de Mère Marie-Berchmans. — Qualités supérieures de l'institutrice. — Son influence sur les élèves. — Son ardeur au travail. — Ses collaboratrices. — Méthodes d'enseignement de Marie-Auxiliatrice.

DANS la Société de Marie-Auxiliatrice, l'épreuve du Noviciat dure deux ans. Deux années de retraite ! S'abstraire pendant ce temps de la vie du monde qu'on vient de quitter, et se cantonner dans le surnaturel en l'infiltrant jusque dans les menus détails de l'existence : c'est, en effet, une épreuve qui fait reculer souvent des postulantes animées de bonnes intentions...

A ce travail intime, assidu et constant, l'âme s'épure comme l'or dans le creuset, se débarrasse de toutes les scories du siècle, s'embellit des splendeurs de la vertu...

Mais, diront les hommes ignorants des voies divines, à quoi bon ce gaspillage de temps ?

Tout esprit judicieux raisonne différemment, et pour cause. Qui ne constate aujourd'hui que la spiritualité est devenue étroite, sèche, superficielle, extérieure et sentimentale ? Qui ne sait que la fécondité d'une œuvre dépend surtout — et même exclusivement — de l'esprit surnaturel qui inspire son auteur ?

Pour former une véritable Epouse de Jésus-Christ, il ne faut rien moins que ces exercices qui ont pour but d'imprimer en son cœur l'effigie vivante du divin Maître.

Sans cette formation, vous n'obtenez que la médiocrité, moins que rien. Est-ce que Notre-Seigneur n'a pas passé les trente premières années de sa vie dans le recueillement et la solitude, puis quarante jours de retraite et de pénitence au désert, avant sa courte carrière apostolique ?

Ce n'est certes pas Sœur Marie-Berchmans, pourtant si avide de se dévouer dans les œuvres de zèle, qui eût songé à se soustraire à ce régime de vie intérieure que prescrit le Règlement du Noviciat. Elle se livre tout entière à l'action de la grâce. Sans négliger les devoirs de sa charge, elle s'applique, avant tout, à son avancement dans la perfection.

Aussi bien, quand vint le moment de l'admettre à la profession, elle conquit tous les suffrages de la Communauté.

Elle se présenta donc, riche de mérites, à

l'autel de l'immolation, le 6 janvier 1893, faisant à Dieu, dans un acte de générosité suprême, le don de tout son être.

Par là, elle assumait la noble tâche de sanctifier les âmes, conformément au but que se propose l'Institut de Marie-Auxiliatrice, et à l'esprit de sa vénérée Fondatrice.

« Dieu a donné pour but à notre petite Société, écrit Mère Marie-Thérèse de Soubiran, de soutenir, par tous les moyens compatibles avec la Règle, les jeunes filles de quatorze à vingt-cinq ans environ, spécialement cette partie de la jeunesse qui, sans famille, réside dans les grandes villes, fréquente les ateliers ou les fabriques.

« Ce but unique n'est pas encore rempli dans l'Eglise ; ce but était un besoin de nos sociétés modernes qui centralisent tout et remplacent les familles chrétiennes par des masses d'individus. La grande pensée qui a donc présidé à la fondation de Marie-Auxiliatrice était : créer à ces pauvres enfants, obligées de quitter leurs pères et mères, une famille chrétienne ; leur donner enfin des *Mères*, pour les protéger jusqu'à leur mariage, en dépit du démon, du monde, et trop souvent d'elles-mêmes [1]. »

De là ces installations successives déjà mentionnées : *Maisons de famille* ; — *Maisons de Santé* pour recevoir la catégorie la plus nombreuse

[1] Notes.

et la plus abandonnée : les jeunes filles tuberculeuses ; — *Maisons de mission ;* et enfin des *Maisons d'éducation*. Ainsi qu'il est aisé de s'en rendre compte, Marie-Auxiliatrice, tout en se donnant d'abord aux classes ouvrières, ne néglige aucun des moyens capables de protéger la jeune fille à quelque degré de l'échelle sociale qu'elle appartienne.

* * *

La première maison d'éducation s'ouvrit à Paris, 25, rue de Maubeuge, en 1878. C'est dans ce milieu privilégié qu'avait grandi celle que nous appellerons dorénavant MÈRE MARIE-BERCHMANS. Quelques années après sa sortie de classe, l'établissement fut transféré 8, avenue d'Iéna, et fréquenté par une élite.

* * *

On a dit des lycées de jeunes filles que c'est « un fléau », puisque l'enseignement y est hostile aux principes qui sont la base de la formation de la femme. La science y est *laïque,* la morale y est *laïque,* et nul n'ignore ce que signifie ce qualificatif.

Au lycée sans Dieu, Marie-Auxiliatrice oppose le lycée chrétien, en éclairant son enseignement à la vraie lumière, en le rattachant aux vrais principes.

« Pour que nos établissements ne soient pas

inférieurs à ceux de l'Etat — ce fut le raisonnement de ces Dames — enseignons ce qu'ils enseignent et préparons aux mêmes examens, mais en éclairant cet enseignement à la vraie lumière, en le rattachant aux vrais principes. »

A Paris, avenue d'Iéna, des cours ainsi organisés avaient un heureux succès. L'institution recrutait surtout ses élèves dans un milieu mondain, où, pour les enfants, on n'attachait guère d'importance qu'à l'enseignement complet et aux diplômes. Les jeunes Parisiennes trouvaient tout cela — et plus encore — sous le manteau de Marie-Auxiliatrice. Elles devenaient savantes, sans laisser de s'attacher à ce qui est pour l'homme le vrai bien.

C'est là, dans ce pensionnat-lycée, que va évoluer notre grande âme d'apôtre.

C'est là que, pendant l'espace de dix années, elle exercera le rôle de Maîtresse de classe, rivalisant de zèle et d'entrain avec des professeurs éminents, docteurs en Sorbonne ou titulaires de postes élevés dans l'enseignement.

Disons tout de suite que ce ministère, dans lequel elle avait débuté auprès de sa jeune sœur, cadrait admirablement avec ses goûts, ses aptitudes et son vif désir de se dépenser au profit du prochain.

« La leçon, disait-elle, c'est un apostolat. »

Bien avant, Mgr Dupanloup avait déclaré : « Je ne connais pas de ministère plus puissant, plus fécond que l'éducation pour former, pour élever d'abord ceux-là mêmes qui le remplissent. Je ne sais rien comme le professorat exercé avec zèle et le catéchisme bien fait pour préparer les âmes les plus distinguées : vertu, fermeté, science, intelligence... »

Sa méthode était celle-ci :

« La lumière doit inonder mon âme et l'amour l'enflammer la première, afin que réfléchissant cette lumière et cette chaleur, elle éclaire et échauffe ensuite les autres âmes. »

« Professeur-apôtre » elle prétend avec raison, que, avant de communiquer, il faut recevoir ; et elle agit de façon à puiser à sa vraie source une sève robuste dont ses leçons ne soient que l'efflorescence.

C'est une vérité que les anges supérieurs ne transmettent aux inférieurs que les lumières dont ils ont reçu la plénitude. Tel est, d'ailleurs, l'ordre établi par Dieu, dans la diffusion de ses biens.

On s'étonnait que les connaissances de Mère Marie-Berchmans fussent si variées, si étendues et si universelles, à un âge où les intelligences les plus éclairées sont encore dépourvues d'une certaine science élémentaire ; si sa modestie ne lui eût fermé la bouche, elle aurait pu répondre simplement : « On apprend beaucoup plus au pied du crucifix ou du tabernacle que dans les livres écrits de la main des hommes. »

Toutefois, il ne faudrait pas en conclure que, chez elle, l'oraison la dispensât de se livrer à une étude réfléchie des auteurs qu'elle enseignait à ses élèves. Elle avait pour maxime que « la mère ne peut allaiter son enfant que dans la mesure où elle s'alimente elle-même ».

N'est-ce pas la comparaison qui fait le mieux comprendre ce que doit être l'institutrice chrétienne dans sa double mission d'éducatrice ? Son rôle consiste à développer à la fois, dans une enfant confiée à sa sollicitude, et la vie de l'esprit et la vie de l'âme. Qu'elle s'assimile d'abord la substance dont elle nourrira ensuite les enfants de l'Eglise.

C'est ainsi que la jeune maîtresse procédait dans l'accomplissement de sa difficile mission.

* * *

Sauvegarder la jeune fille au cours de ses études, la conduire jusqu'au brevet supérieur en éclairant sa foi, en la maintenant dans la pratique des vertus, en élevant son intelligence, en la préparant à ses devoirs d'épouse et de mère : quel idéal digne de stimuler le zèle d'une religieuse de Marie-Auxiliatrice !

En ce temps-là, les demandes d'admission

affluaient chaque année plus nombreuses à l'Institution de l'avenue d'Iéna. Certes, rien ne faisait prévoir le terrible orage de la persécution qui allait, dix ans plus tard, détruire de fond en comble l'édifice élevé au prix de tant de sacrifices...

Mais quelle fructueuse période que celle de 1893 à 1904 ! Quelle activité et quel bourdonnement dans la ruche débordante ! Quelles manifestations de vie, de travail, de succès ! Quelle intensité de ferveur !

A suivre de près ce beau mouvement, dans l'unité et l'harmonie de ses nuances, je n'hésite pas à signaler l'influence que Mère Marie-Berchmans exerce autour d'elle.

Elle m'apparaît à la fois tout adonnée à son œuvre et tout absorbée dans la présence et l'amour de Dieu.

« Le regard attaché au visage de ses élèves, note une de ses compagnes, et l'œil fixé là-haut, on la sentait toute pénétrée de cette pensée qui lui était familière : « La leçon, c'est un apostolat. »

Il lui arrive parfois de trahir son sentiment : « Oh ! cette petite ! si je pouvais lui faire connaître le bon Dieu et entrer la chimie dans la tête ! »

Voilà, prise sur le vif, la double et constante préoccupation de l'institutrice modèle.

* * *

Sa grande charité la pousse à des excès de travail que blâme un jour la Mère Directrice des études :

— Nous serons bien avancées, et vos élèves aussi, quand vous vous serez tuée à la besogne...

— Mère, vous êtes trop bonne ! X. et Y. ne feront rien, si elles ne me voient acharnée au travail...

Acharnée au labeur pour entraîner les volontés chancelantes et prêcher d'exemple aux natures molles, c'est le devoir, pense-t-elle, d'une maîtresse de classe. Elle n'ignore pas cependant que la sagesse s'oppose à ce qu'on entreprenne rien au-dessus de ses forces. Mais le foyer de vie intérieure où elle alimente son courage lui permet des audaces surhumaines.

— A-t-elle compris ?... Comment lui ouvrir l'intelligence sans lui casser la tête avec ce fameux brevet supérieur ?... Eh bien ! je me la casserai encore un peu plus.

Telle est la mesure de sa charité pour épargner tout excès de fatigue à ses enfants, gardant pour soi et comptant pour rien l'effort continu et l'ennui des redites.

En plus, il importe de remarquer que les travaux auxquels elle se livre opiniâtrement ne la fatiguent pas, parce qu'elle les fait pour plaire à Dieu.

Au cours de ses labeurs, elle ranime fréquemment par de saintes pensées, de brûlantes oraisons jaculatoires, sa résolution de n'agir que pour lui et par lui. Au demeurant, quelque attention qu'elle apporte à s'acquitter de son emploi, elle se conserve toujours dans la paix, parfaitement maîtresse d'elle-même. Pour le succès ou l'insuccès, que lui importe, si le bon Maître, premier servi, est content !...

Loin de trouver le fardeau trop lourd pour ses faibles épaules, cette « femme forte » s'offre à rendre service. Un jour elle propose à l'une de ses collaboratrices d'alléger son travail :

— Voulez-vous que je prenne votre heure de répétition, chaque soir ?

— Vous-même avez bien à faire, surchargée comme vous l'êtes...

— Laissez-moi cela, au moins cette semaine. Après, vous verrez...

En une autre circonstance, une religieuse est obligée de s'absenter quelques instants :

— Allez, lui dit sa voisine, je réponds de vos élèves.

Les instants se prolongent. Dès lors la Maîtresse du cours supérieur se place entre les deux classes, grâce à une porte de communication. Elle a vite fait d'improviser un miracle de bilocation. Se tournant à droite :

— Ecrivez cette équation.

Puis, à gauche :

— Quelle leçon vous faisait votre Maîtresse ? — Elle nous grondait. — Oh ! alors je ne continuerai pas... Et pourquoi vous grondait-elle ? — Parce que nous ne savons pas les guerres de Louis XV...

— Ce n'est rien ; nous allons lui faire une surprise... Commençons...

En effet, la Mère eut la surprise et les équations furent résolues.

* * *

Parfois, dans les Congrégations naissantes, le personnel est restreint et les œuvres surabondent. Il en résulte un danger réel pour la vie intérieure des sujets. Les occupations se multiplient au point d'exiger que les énergies soient dépensées en pure perte, car, de l'avis des saints, l'esprit religieux disparaît peu à peu et fait place au naturalisme qui revient au galop.

Absorbées par le matériel, les âmes finissent par s'y complaire.

Cette remarque n'a pas ici son application. Au contraire, ce qui caractérise la Société de Marie-Auxiliatrice, c'est surtout la vitalité de l'esprit intérieur. Voilà aussi la cause des bénédictions célestes qui fécondent toutes ses œuvres. Là se réalise cette admirable union de la vie contemplative et de la vie active.

Rien à craindre pour le « professeur-apôtre ». Ses notes intimes — trop rares depuis son entrée au Noviciat jusqu'à sa mort — révèlent une âme en pleine et constante jouissance de l'union à Dieu. Cela domine toute sa vie. Peut-être Mère Marie-Berchmans redoute-t-elle comme un grand malheur — le plus grand malheur qui puisse lui arriver — la privation de cette inestimable faveur ? Elle en souffre, elle en gémit, et ne peut nullement s'arrêter à cette perspective. Pressée par cette soif de vie intérieure, elle a hâte de se retrouver devant l'ostensoir exposé dans la chapelle. C'est *son heure*, l'heure des douces confidences, de l'adoration, de la réparation, de l'offrande. Elle y revient le plus souvent possible et toujours avec une ardeur de séraphin. Oh ! ces heureux moments ! Quelques minutes d'entretien avec le Bien-Aimé la délassent et la fortifient. Quelle délicieuse compensation à ses peines inhérentes à la vie commune !

Sa prière se termine par l'action de grâces. Elle redit à Dieu que ses voies sont empreintes de sagesse et de bonté. Elle le remercie d'avoir dirigé ses pas vers l'asile qui la protège contre les dangers du monde..., contre les folies de la dissipation, de l'amour-propre, des affections naturelles.

Et pendant la journée, cette disposition d'âme lui donne un air de contentement, de paix, de gravité qui font le charme de sa compagnie...

Jésus travaille avec elle et la soutient, car elle s'est habituée à ces communions spirituelles qui facilitent le progrès dans la vertu.

* * *

Ses anciennes élèves, consultées sur l'impression qu'avait produite en leur jeune esprit leur maîtresse de classe, ont tracé de Mère Marie-Berchmans un vivant portrait dont il nous plaît de fixer ici les principaux linéaments.

« La vie de notre chère Maîtresse était une éloquente prédication. Un mot revenait souvent sur nos lèvres pour la catactériser : c'est une sainte.

« Nous la sentions toute simplicité et toute charité, exerçant une influence aussi puissante que discrète, tel un rayon de soleil irradiant lumière et chaleur sur toutes choses. Elle avait le secret d'éclairer nos intelligences, d'émouvoir nos cœurs, de stimuler nos volontés. A son école ont été formées de véritables chrétiennes, qui s'honorent aujourd'hui de répandre dans le monde « la bonne odeur de Jésus-Christ ». Sa grande piété, non moins aimable que profonde, lui facilitait avantageusement l'accès de nos cœurs parfois rebelles à la grâce. Combien d'entre nous, par suite d'une première éducation toute païenne, lui doivent le bonheur de leur conversion, et du même coup la conversion de leur famille ! »

Une autre s'exprime ainsi qu'il suit : « En entrant dans la classe de Mère Marie-Berchmans, j'éprouvais une certaine appréhension qui, bien vite, s'éclipsa au premier contact. « Ce qu'il va falloir travailler ! » me disais-je. Je ne tardai pas à m'apercevoir que toute la peine était pour notre Maîtresse. Dans sa classe, on respirait une atmosphère de bienveillance et de maternelle affection qui gagnait tous les cœurs. Sa bonté était si indulgente et sa tendresse si communicative qu'on soupçonnait facilement que tout en elle découlait d'une source surnaturelle et divine. »

Et cette réflexion : « D'humeur toujours égale, elle paraissait ne pas voir nos espiègleries. Jamais un mouvement d'impatience ou de mécontentement n'altérait les traits de son visage. D'un mot, d'un geste, d'une attitude, elle réprimandait les délinquantes. En général, elle inspirait la confiance, le respect, l'admiration de ses élèves et surtout leur affectueuse reconnaissance. Son regard, un simple coup d'œil, suffisait pour avertir la coupable et faisait plus d'impression sur elle que dix sermons... Il me souvient que, un jour, ce regard me fit penser à celui de Jésus à saint Pierre après le chant du coq. »

De ces citations, un seul mot à retenir : la fervente institutrice opérait des « conversions », elle exerçait l'apostolat. Son âme, éprise d'enthousiasme pour la gloire de Dieu, adoptait comme idée fixe le salut du prochain. Cet idéal, surnaturalisé par l'esprit intérieur, restera son plus beau titre à l'admiration des Religieuses de Marie-Auxiliatrice.

Nul doute que ses exemples ne stimulent le zèle de toutes celles qui marchent sur ses traces.

« Contempler la vérité, c'est bien, a dit un pieux auteur. La communiquer aux autres, c'est mieux encore. Réfléchir la lumière est quelque chose de plus que de la recevoir. »

* * *

Les collaboratrices de Mère Marie-Berchmans à l'avenue d'Iéna rendent pareillement témoignage de sa science et de sa vertu.

Douée d'une belle intelligence, uniquement soucieuse de progresser dans l'acquisition des connaissances divines et humaines, elle ne perdait pas une miette de son temps.

« Du temps ! Oh ! donnez-moi du temps pour mes enfants ! » avait-elle coutume de répondre dès qu'on essayait de la distraire de ses occupations habituelles.

Du temps ! C'est qu'il en faut au professeur intelligemment dévoué qui ne veut pas faire de sa classe une école où, après un labeur opiniâtre renfermé dans les étroites limites d'un programme, on arrive à l'obtention d'un diplôme, sans que le cœur et l'intelligence aient pu bénéficier d'une élévation réelle. Des manuels de toute nature viennent dans ce but au secours du professeur inexpérimenté ou doué de plus de bonne volonté que de talent.

« Son enseignement était clair, vif, intéressant, nous dit une de ses sœurs ; elle procédait presque toujours par plans et résumés, de sorte que les faits principaux se gravaient avec précision dans l'esprit de ses auditrices. Ses commentaires facilitaient également la mémoire des élèves, qui avaient plaisir et profit à l'entendre. Cinq ou six mots séparés, sans corrélation apparente, rendaient inoubliables le récit d'une guerre, l'histoire d'une époque, une préparation de chimie.

Fidèle à sa méthode de « beaucoup recevoir pour pouvoir donner un peu », Mère Marie-Berchmans ne néglige rien de ce qui peut l'aider à corriger le travail de ses élèves, pour leur distribuer ensuite des tâches qui, selon le langage courant, assurent le maximum de rendement avec le minimum de temps.

Pas de longs travaux d'écriture où l'effort mécanique l'emporte de beaucoup sur l'effort intellectuel. Pas de leçons apprises par cœur, mais des idées ! des idées ! Plans de devoirs dressés par l'élève elle-même, lectures faites la plume à la main pour nourrir facilement la mémoire de la moelle extraite du livre : histoire ou littérature, la méthode est la même. Devoirs donnés longtemps à l'avance, pour que l'élève ait le temps de le mûrir et de le mettre en valeur ; notes prises pendant les cours d'après les idées, mais toujours sans dictée.

Large initiative laissée à l'enfant dans son travail, lui procurant ainsi la joie et le mérite de découvertes habilement préparées par l'influence discrète de la Maîtresse.

Ainsi dirigé, le travail devenait pour l'élève un plaisir plutôt qu'un labeur, tellement que la plupart de celles dont l'ambition s'était bornée tout d'abord au brevet élémentaire, n'hésitaient pas, pour satisfaire l'amour de l'étude que leur avait inspiré leur maîtresse, à poursuivre le diplôme supérieur.

Cette note de direction discrète dans le développement de jeunes initiatives, de franche liberté qui permet à la nature de s'épanouir sans contrainte, qui se contente de réprimer les écarts de caractère par la vue de leur laideur, qui encourage sans les imposer les élans du cœur vers le beau et le bien : si Mère Marie-Berchmans en avait eu elle-même l'intuition, il faut reconnaître que, autour d'elle, tout en favorisait le développement, car telle était la caractéristique de la méthode éducatrice que la jeune maîtresse puisait auprès de ses aînées.

Une discipline rigoureuse assurait l'ordre et le recueillement nécessaires au travail ; un silence strict régnait dans la maison, mais il n'était à charge à personne parce qu'il était raisonnable.

Les enfants savaient que tout le règlement était établi pour leur bien, et elles s'y mouvaient à l'aise.

Une tendresse maternelle veillait sur les élèves, mais elle tendait à ne pas supprimer tout effort, à leur laisser résoudre elles-mêmes leurs petites difficultés, à subir les inconvénients résultant de leur étourderie.

Une direction si large dilatait les âmes et leur permettait de s'épanouir dans la simplicité et la joie du soleil du bon Dieu. Le coutumier parlait peu des récompenses et pas du tout des punitions, car les élèves savaient qu'il fallait vivre pour le devoir, et, comme le devoir comporte des sacrifices, elles recevaient de leurs maîtresses, par l'enseignement et surtout par l'exemple, des leçons d'abnégation et de renoncement qui se manifestaient sous la forme d'une aimable charité dans la famille et au pensionnat.

Une piété simple et toute personnelle soutenait les âmes dans les luttes quotidiennes ; elle n'était pas imposée, mais germait en chacune par une sorte d'attirance qu'exerçait le Saint Sacrement perpétuellement exposé. La communion fréquente était encouragée, sans que l'abstention des âmes plus timorées ou moins pieuses fût présentée comme blâmable.

On tendait à ce que la dévotion n'eût pas ses heures fixes en dehors desquelles la nature pouvait librement donner satisfaction à ses petites passions ; mais, au pensionnat, elle embaumait toutes les heures sous la forme d'une foi sincère en une action divine que les maîtresses enseignaient à reconnaître en tout.

Mère Marie-Berchmans excellait dans cet art d'élever les âmes vers les vastes horizons. Son instinct qui, dans les leçons d'histoire, se donnait libre carrière, la portait à faire toujours intervenir la cause première activant et dirigeant toutes les causes secondes.

Même quand l'oiseau marche, on sent qu'il a des ailes.

C'est ainsi que la jeune maîtresse allait par les routes de la lumière, disant le verbe qui éclaire, semant autour d'elle une moisson de grâces qui levaient en bienfaits de toutes sortes.

Professeur-apôtre, elle le fut dans toute la force du terme durant son stage de dix années à l'avenue d'Iéna.

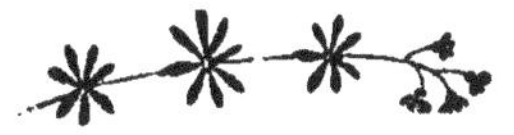

IX

La Religieuse.

SOMMAIRE. — Solide piété. — Le véritable esprit de Jésus. — Ame d'oraison. — « Un ciboire vivant. » — Dieu seul ! — Edification de l'exemple. — Rayonnement de charité. — Vie de sacrifice. — Bonté et suavité. — « Pas d'accrochage aux créatures. » — Ascension progressive. — Selon le modèle. — Vie eucharistique.

LE cardinal du Perron, à l'heure de la mort, témoigna son repentir de s'être plus attaché pendant la vie à perfectionner son intelligence par les sciences que sa volonté par les exercices de la vie intérieure.

A coup sûr, Mère Marie-Berchmans n'eut pas à s'adresser pareil reproche à la veille de comparaître au redoutable tribunal de Dieu.

Son activité à meubler sa mémoire de toutes les connaissances nécessaires à son enseignement ne lui fait pas négliger son avancement spirituel.

Sa tendre piété plonge ses racines dans le Cœur adorable de Jésus. C'est dire d'un mot ce qu'est sa vie religieuse.

Qui ne sait que l'état religieux, surtout dans

la Société de Marie-Auxiliatrice, requiert l'union très étroite de la volonté avec celle de Dieu ? Tout est là. Mais ce terme n'est pas si facile d'accès qu'on pourrait le supposer de prime abord. L'âme n'y arrive qu'après avoir parcouru, au milieu de multiples et pénibles efforts, toutes les étapes de la vie purgative et illuminative.

En se présentant au seuil du noviciat, la jeune Parisienne, nous l'avons dit, n'était plus une simple débutante dans la voie de la sainteté. Mais sa séparation d'avec le monde brise tous les liens qui l'empêchent de donner libre essor à ses aspirations. La Règle provoque et soutient sa vigilance en lui offrant le moyen d'obtenir la grâce pour de nouveaux efforts. Plus que jamais elle se sent portée à rechercher Dieu, à le voir dans la personne de ses Supérieures, à lui prouver de plus en plus son désir de lui plaire.

Maintenant nous la voyons pleinement s'abandonner à l'action divine. Elle vit tellement de Jésus qu'elle semble ne plus vivre par elle-même. L'esprit de Jésus pense, décide et agit en elle.

Sa charge d'institutrice, au lieu de comprimer son élan, devient pour elle un puissant moyen de sanctification, une nouvelle occasion de croître en vertus et en mérites.

Les affirmations qui précèdent sont appuyées sur les dépositions de ses Supérieures et de ses compagnes qui ont eu la joie de la voir à l'œuvre et de pénétrer dans le sanctuaire intime de cette âme « toute d'oraison, d'union au divin Maître, de pureté virginale ».

« C'était plaisir de se trouver en tête à tête avec notre chère Mère Marie-Berchmans. C'était un ange de modestie, de douceur, de bonté. Son union habituelle avec Dieu se reflétait sur sa physionomie. Un matin, le R. P. Auriault, S. J., auquel elle ouvrait la porte du Pensionnat d'Iéna, la sentit tellement sous l'influence de l'Hostie, qu'il ne put s'empêcher d'en faire la réflexion : « Je viens de rencontrer Mère Marie-Berchmans, j'ai cru voir un ciboire vivant. »

***

Cette habitude de la présence de Dieu en elle transforme ses facultés, en quelque sorte les rend souples aux inspirations d'en haut et capables d'accepter joyeusement contradictions et insuccès, pertes et déceptions.

Si les humiliations ne se présentent pas d'elles-mêmes à son gré, elle ne manque pas une occasion de signaler à ses Supérieures certains manquements à la Règle, quelques faiblesses de la nature, qu'elle se reproche amèrement comme des péchés formels qui exigent l'expiation :

« Jamais je ne l'ai vue étonnée, à plus forte raison déconcertée, quand l'autorité jugeait à propos de lui infliger une réprimande. Trop grande pour suspecter l'existence des petites passions féminines, — même au sein des communautés les plus ferventes — elle fut parfois en butte à des jugements sévères. Alors, elle s'accusait d'être la cause de mille imperfections qui offensent le bon Dieu et nuisent à l'harmonie des cœurs. L'ombre d'une faute légère la rendait vigilante sur ses relations et très docile aux conseils de la direction spirituelle. Je l'ai vue un jour en proie à des scrupules qui provenaient uniquement de son ardent amour pour Notre-Seigneur et d'une crainte exagérée de lui déplaire. »

La Mère qui relate les détails ci-dessus ajoute : « S'il était possible de trouver une ombre au tableau, je dirais que notre Sœur a plutôt péché par excès *de surnaturel.* »

Et dans cette expression je découvre le plus bel éloge qui puisse être adressé à une épouse de Jésus-Christ.

Non, non, pas d'excès à craindre dans ce domaine où fleurissent les vertus religieuses, où mûrissent des fruits de sanctification et de salut.

* * *

On a dit de Mère Marie-Berchmans :

« C'était une âme d'oraison qui n'épiloguait pas sur les états d'oraison. »

Cela se comprend et s'explique aisément.

L'amour de Jésus réglait toutes les affections

de son cœur. A quoi bon, dès lors, s'embarrasser dans l'une ou l'autre des méthodes compliquées d'oraison mentale ? La meilleure consiste dans l'union avec Jésus. « L'oraison, dit sainte Thérèse, n'est qu'un entretien d'amitié où l'âme parle cœur à cœur avec celui dont elle se sait aimée. »

Elle est, suivant le mot de Bossuet, « le langage de la foi, de l'espérance et de la charité » avec le Père des Cieux qui invite l'âme à lui parler cordialement, simplement, filialement.

Pour l'épouse, c'est le moyen assuré d'ouvrir facilement son cœur à l'Epoux divin et d'entendre battre le Sien ; et donc de se dépouiller de l'humain et de revêtir la forme de Jésus-Christ.

Avec la naïveté de l'enfant, Mère Marie-Berchmans parle surtout à son Maître adoré le doux langage de la charité affective : adoration, reconnaissance, amour, joie, attachement à la volonté divine et détachement de tout le reste.

« Il vit, je vis... Il est tout ce qu'il me faut... Que pourrait-il me manquer ?... Que tout disparaisse à mes yeux, je le possède et rien ne me manque... Vous seul, ô Jésus, je suis à vous sans retour... Mon Dieu, je veux m'unir à vous. Je veux m'anéantir devant vous ; je veux chanter ma gratitude et ma joie d'accomplir votre volonté... Qu'il est beau, ô Jésus, l'idéal que j'aperçois en vous ! Mais ma vie est-elle en harmonie avec cet Exemplaire ?... Sans votre grâce, je ne puis rien... Comme la Chananéenne je me prosterne à vos pieds, ô Bonté infinie !.... »

Parfois même, l'orante a recours à la poésie. Elle réclame des ailes pour se hausser jusqu'au Cœur de Jésus :

Pour que de mon Jésus la voix se fasse entendre,
Pour que j'écoute bien le langage des cieux,
Mon âme, fais silence ! Il suffit de comprendre
Les desseins, les vouloirs de ton Roi, de ton Dieu.
. . . .
Il est pour moi l'Epoux, Jésus, l'Ami, le Père,
Il est mon Infini... Mon être disparaît,
Mon cœur ne saurait plus un instant se distraire :
Je vais parler de lui, lorsque je parlerai !

Son oraison lui méritait la grâce de faire beaucoup de bien sans bruit. A l'encontre de ces prétendues réformatrices de la Règle qui aspirent à faire disparaître toute imperfection sans se soucier de se corriger elles-mêmes de leurs défauts, cherchant ce qui est capable de les mettre en relief et de faire admirer leur beau zèle, notre modeste petite Sœur savait qu'aucune bonne œuvre ne peut être accomplie sans la vertu de Dieu. Elle avait l'intelligence de la source d'eau vive et de la fontaine mystérieuse qui fait tout fructifier.

* * *

Le professeur des Facultés de l'Etat croit avoir fait tout son devoir s'il reste exclusivement sur le terrain d'un programme d'examen. Tout autre est l'ambition d'une religieuse institutrice. Elle a à cœur de faire germer dans les âmes la connaissance et l'amour de Jésus-Christ.

Parce que la piété de Mère Marie-Berchmans était l'épanouissement de la vie intérieure, elle prêchait plutôt par l'exemple que par la parole. Une phrase échappée à ses lèvres et à son cœur, une émotion manifestée sur son visage, un geste expressif, sa manière seule de faire le signe de la croix, de dire la prière avant et après une classe, fût-ce une classe de mathématiques, avaient sur ses élèves plus d'action qu'un sermon, que « dix sermons ».

Il en était de même dans l'intérieur de la communauté. Le spectacle de ses actes de foi, d'humilité, de charité, d'obéissance, de bonté, de douceur, raffermissait les faibles, stimulait la ferveur des parfaites et propageait parmi toutes ses compagnes la flamme d'une sainte émulation.

Heureuses les familles religieuses qui possèdent cette splendeur de vie chrétienne, ou du moins des agents de régularité, l'irradiation extérieure d'une âme unie à Dieu.

L'édification d'une Sœur exerce plus d'influence pour le développement des œuvres et pour le recrutement des vocations, que toutes les notices imprimées, qui ont pour but de peupler les noviciats.

Le surnaturel transpire toujours en quelque façon et produit un rayonnement divin. « Pareil au soleil qui rend plus étincelant le cristal qu'il touche et pénètre de son rayon, dit saint Basile, l'Esprit sanctificateur rend plus lumineuses les âmes qu'il habite, et, par l'effet de sa présence, elles deviennent comme autant de foyers qui répandent autour d'elles la grâce et la charité [1]. »

Les conversions merveilleuses qu'opéraient certains saints par la renommée de leurs vertus, les pléiades d'aspirants à la vie parfaite qui venaient demander à les suivre, disent assez haut le secret de leur silencieux apostolat.

* * *

O mon Dieu, donnez à Marie-Auxiliatrice, à cette Famille sortie de votre Cœur et qui se plaît à y revenir comme à la source de toute grâce, donnez-lui de nombreuses imitatrices de celle dont nous esquissons la vie ; donnez-lui une phalange de jeunes âmes décidées à s'orienter vers les cimes de la perfection religieuse et apostolique !

Dieu communique des grâces de choix et d'abondantes bénédictions à quiconque sait correspondre à ses prévenances toujours gratuites et miséricordieuses.

Les prières et les sacrifices de Mère Marie-Berchmans n'ont pas peu contribué au succès qui couronne ses efforts.

[1] *De Spiritu Sancto*, c. IX, nº 23.

Que dire de ses mortifications ? Certes, la souffrance ne l'a pas épargnée. Enfant, jeune fille, n'en a-t-elle pas fait le dur apprentissage ? Il suffit de se rappeler les pages de son JOURNAL pour se convaincre que, de bonne heure, elle s'offre comme une « victime », avide de boire le calice amer des douleurs physiques et morales. Nulle consolation de la part de sa famille, de ses amies d'enfance, de ses maîtresses. Elle vit dans la solitude et l'isolement, elle s'efface, elle se croit incapable d'aucune bonne action. Si encore elle pouvait apprendre que la peine qu'elle a causée à son père et à sa mère ne leur sera pas préjudiciable devant Dieu, et que son sacrifice en les quittant ne lui sera pas reproché comme une lâche désertion ! Que de motifs d'inquiétude, de trouble ! Est-elle digne d'amour ou de haine ? Elle a peur de sa faiblesse : dans un cours de morale sur la fragilité de l'homme, elle s'écrie éperdue : « Mon Dieu ! qui sait ?... Je tuerai peut-être quelqu'un ce soir. » Elle souffre plus encore des crimes qui se commettent dans le monde. Elle entend la voix des imprécations et des blasphèmes monter vers le ciel et appeler sur leurs auteurs de terribles châtiments... Dans son corps, prématurément épuisé par le surmenage et miné par la maladie, ce sont des douleurs lancinantes qui l'avertissent que la vie est courte...

Néanmoins, ne la plaignez pas. Elle surabonde de joie au milieu des plus pénibles épreuves.

Elle sait que souffrir, se renoncer en toutes circonstances, se mortifier jour et nuit, c'est porter en soi Jésus crucifié, le Jésus du Calvaire, c'est réparer les péchés des hommes, c'est réaliser l'idéal de toute victime volontaire.

Et elle chante son bonheur de souffrir en aimant :

> Ce qui brûle en mon cœur, c'est l'éclat de ta gloire ;
> Ma grande paix à moi, mon Dieu, c'est ta victoire !
> Sous ce rayon divin, l'épine a disparu ;
> Cette épine je l'aime, elle est de toi, Jésus !
> C'est ma relique à moi, c'est le don qu'un grand soir
> Tu fis à ton épouse, et c'est son doux espoir
> De souffrir en la terre où tu vécus pour elle,
> Tandis que tu jouis en la voûte éternelle.

* * *

Plus un cœur est uni à Jésus-Christ, plus il participe à la qualité maîtresse du Sacré-Cœur, à sa bonté. Indulgence, bienveillance, compassion, tout est décuplé en lui, et sa générosité et son dévouement vont jusqu'à l'immolation joyeuse et magnanime.

Transfigurée par l'amour divin, notre douce religieuse s'attirait sans effort la sympathie des autres : ses paroles et ses actes étaient empreints d'une si grande bonté !

Mais cette bonté, image de la bénignité de notre Sauveur, auréolait son front d'une candeur angélique : c'était une bonté surnaturelle et parfaitement désintéressée, qui attirait les âmes pour les conduire à cet « Océan de bonté[1] » qui se déverse et déborde dans le ciel et sur la terre.

Ecoutons une des Sœurs de Mère Marie-Berchmans :

« J'aimais la rencontrer aux heures de récréation, dans le jardin de l'avenue d'Iéna. On peut dire que sa conversation était dans le ciel. Elle me soulevait au-dessus du terre à terre des entretiens habituels, pour peu que notre promenade se prolongeât. Je prenais plaisir à la suivre dans ses ascensions vers l'Infini, car elle s'élevait naturellement dans la sphère du divin. « Pas d'accrochage aux créatures ! » suivant son expression familière ; elle mettait en pratique ce que saint Ignace nomme si bien l'*Ad amorem :* Dieu présent, Dieu donnant et se réfléchissant dans ses dons. Certes, elle aimait la science, mais comme un don de Dieu ; elle chérissait ses Supérieures, mais comme des reflets du Soleil d'amour. Son amour passionné pour Notre-Seigneur était son seul trésor, le secret de son inaltérable bonté, de sa constante abnégation, de son admirable charité fraternelle et de son zèle enflammé pour le salut des âmes. »

Ce même amour ensoleillait son existence et faisait épanouir sur ses traits la suavité d'une joie toujours rayonnante.

[1] *onitatis oceanus* (Lit. du Sacré-Cœur).

« Elle était la plus saintement joyeuse et la plus attentionnée pour chacune, aux heures de récréation... Un sourire accueillait tous les événements de la journée... « Cela compte si peu, grandes douleurs ou fatigues écrasantes, par rapport à l'éternité ! » disait-elle. Elle ajoutait : « De toutes choses, faisons une louange vivante de gloire à Dieu. » Et ce détail pittoresque : « Quand je mets mon bandeau de reine le matin, cela me donne de la joie pour toute la journée. »

C'est un fait que la vie mondaine offre à ses partisans des peines, des déceptions, des mécomptes, malgré les réjouissances dont elle prétend assaisonner quelques heures de fugitive ivresse.

Dans le cloître, on ne connaît pas ces lourdes journées, tristes, inquiètes et sombres. Quelle est donc la religieuse de Marie-Auxiliatrice qui voudrait échanger sa part d'héritage contre toutes les joies humaines ?

Mère Marie-Berchmans portait ses croix « avec le sourire ». Alimentée chaque matin par l'Eucharistie, son âme exultait dans l'allégresse. « Le sacrement de l'amour n'est-il pas aussi celui de la joie ? »

« La vie de prière, dit le bienheureux Curé d'Ars, voilà le grand bonheur ici-bas. O belle vie ! belle union de l'âme avec Notre-Seigneur ! L'éternité ne sera pas assez longue pour comprendre ce bonheur.... Dieu tient l'âme intérieure comme une mère tient la tête de son enfant dans sa main pour la couvrir de baisers et de caresses. »

* * *

Notre fervente religieuse semble reproduire en sa vie la simplicité et l'ardeur d'amour de la vénérée Mère Marie-Thérèse. En vraie fille de la Fondatrice, elle s'applique à imiter le modèle qui lui a été proposé au Noviciat, elle ne perd pas de vue l'idéal, elle s'inspire de ses leçons et de ses exemples. Avec quelle tendre affection elle contemple son image qu'elle a sous les yeux, avec quelle avidité elle se nourrit de ses écrits, avec quelle ferveur elle se porte vers le principal objet de sa dévotion : l'Eucharistie !

C'est dans la vie eucharistique, c'est-à-dire dans la vie intérieure solide, alimentée au banquet divin, qu'elle s'assimile la vie surabondante de Notre-Seigneur. C'est à cette source qu'elle revient chaque matin avec une intensité de désirs sans cesse accrue par ses méditations.

Impossible de méditer sur les conséquences du dogme de la présence réelle, du sacrifice de l'autel, de la communion, sans être amené à conclure que le Christ Jésus a voulu instituer ce sacrement pour en faire « le foyer de toute activité et de tout dévouement ».

Aussi bien, son cœur est tout imprégné du sang rédempteur, tout embrasé par le feu qui consume le Sacré-Cœur. Voilà pourquoi sa parole est vivante, ardente, enflammée ; voilà pourquoi l'action qu'elle exerce autour d'elle est toujours sanctifiante.

A cette sublime école, sa piété est active, généreuse et pratique. Autour de son front brille quelque chose de l'auréole qui illuminait Moïse, lorsque descendant du Sinaï il revenait vers les Israélites. Ce rayon de l'Eucharistie est aux yeux des personnes qui l'approchent un témoignage de son intimité avec Jésus-Hostie. Il est aussi le rayonnement du bonheur éternel et infini de Dieu que lui donne l'union avec Celui qui, caché au tabernacle, fait cependant la joie de la Cour céleste.

Amante de l'Eucharistie, Mère Marie-Berchmans entretient la flamme de sa charité dans le brasier du Saint Sacrement. Ses oraisons fréquentes près de l'autel, devant le radieux ostensoir, ses communions quotidiennes, sa vie tout eucharistique lui facilitent son ascension progressive et continuelle dans la voie de la perfection.

X

Villepinte.

Sommaire. — La montée douloureuse. — Le « nid » de la Fondatrice. — « Pour le salut des âmes. » — Dans la bourrasque. — « Changement de décor. » — Champrosay. — « La plus belle infirmerie du monde. » — Une journée à Villepinte. — Impressions d'un académicien. — Victimes de la tuberculose. — Dévouement héroïque des Religieuses de Marie-Auxiliatrice. — « Entrez, vous êtes chez vous. » — Emplois de Mère Marie-Berchmans à Villepinte. — A la rencontre du bon Dieu. — Sous les doigts de l'Artiste divin. — L'ostensoir de Jésus.

Ah ! comme il faut que la douleur soit une grande chose, pour que Dieu la sème ainsi, et sous mille formes diverses, sur chaque nouveau pas de notre vie !

Nous n'avons pas à rappeler quelles furent les pénibles épreuves de la jeunesse de Mère Marie-Berchmans.

Une de ses croix à l'avenue d'Iéna — très douloureuse pour son cœur — fut de n'avoir pas la conviction d'être aimée de Jésus. Sous les dehors d'un caractère enjoué, que d'inquiétudes secrètes ! Que de fois elle eut l'occasion de méditer la parole gravée sur la tombe de la

Vénérée Fondatrice : « Si le grain de froment ne tombe en terre et ne meurt, il demeure seul ; mais s'il meurt, il se multiplie et porte beaucoup de fruits ! »

Et le souvenir des siens ne venait-il pas troubler le calme de sa solitude ? Ne s'était-elle pas offerte en sacrifice afin d'assurer le salut de leurs âmes ? Plus tard, on l'entendra s'écrier : « Ils ne seront pas privés du bonheur de l'éternité, j'en ai la certitude. » En attendant, n'est-elle pas souvent préoccupée de l'avenir de ses bien-aimés ? Et comment oublier le passé ?...

De Marie-Thérèse de Soubiran on a dit : « Répondant à l'appel de la grâce, la Fondatrice s'était engagée par vœu à ne goûter aucune joie, pour si sainte et si pure qu'elle fût. Elle avait placé son nid dans les régions de la souffrance la plus amère et la plus crucifiante... L'holocauste fut agréé. Dieu pouvait-il refuser le sacrifice de celle qui n'avait rien refusé à la grâce ? »

Ces lignes conviennent parfaitement à sa fille. Mère Marie-Berchmans s'est engagée dans le sentier ardu de l'expiation pour le monde ; avec quelle générosité elle se sacrifie et s'abandonne, avec quel dévouement elle s'immole, sans se soucier de la peine, pour le salut des âmes !

Mais voici qu'un terrible orage éclate soudain sur sa tête : c'est la persécution déchaînée contre l'enseignement congréganiste. Brusquement il lui est interdit de poursuivre la tâche entreprise à l'avenue d'Iéna. Le pensionnat est fermé au nom de la loi. C'est l'écroulement des belles espérances que faisait concevoir l'avenir d'une œuvre visiblement bénie de Dieu. C'est un brusque changement dans ses habitudes, une séparation forcée de tout ce qu'elle aime, de ces centaines d'élèves auxquelles elle a donné ses soins pendant une dizaine d'années....

Comme la sainte Fondatrice, elle peut dire maintenant : « Notre-Seigneur m'a traitée comme une tendre mère qui, prenant son enfant dans ses bras, lui enlève tout, pour qu'enfin le petit ne regarde qu'elle, ne pense qu'à elle, n'aime qu'elle. »

***

Arrière le découragement ! Dans la Société de Marie-Auxiliatrice la multiplicité et la diversité des œuvres offrent des ressources que ne possèdent pas les Congrégations exclusivement enseignantes. Quand la bourrasque s'abattit, en 1904, sur les maisons d'éducation chrétienne, elle dispersa une multitude de religieuses en plein exercice d'apostolat, dans la maîtrise de l'âge et du talent, condamnées à disparaître ou à subir la sécularisation. Les Filles de Mère Marie-Thérèse de Soubiran, employées jusque-là au noble ministère de l'enseignement, trouvèrent un nouveau champ d'action ouvert à leur zèle dans les autres maisons de l'Institut. Il n'en est pas moins vrai qu'elles eurent beaucoup à souffrir d'un changement radical d'orientation et d'occupations dans des milieux disparates.

« Ce fut pour notre vaillante compagne, dit une de ses Sœurs, l'occasion de lassitudes morales acceptées sans répugnance. C'est qu'elle possédait à un haut degré « l'esprit de générosité simple et joyeux » qui est l'un des traits caractéristiques de Marie-Auxiliatrice. Sans doute aussi, à force de se faire indifférente, cette âme vraiment *ignatienne* ressentait moins vivement l'aiguillon des épreuves. »

— Quand nous serons chassées de nos classes, avait-elle dit au cours de l'année scolaire 1903-1904, nous irons sauver des âmes à Villepinte.

— Un hôpital de tuberculeuses à la place d'une classe de brevet supérieur, cela compte pour un changement. Il faut avouer que nos gouvernants s'entendent à vous faire pratiquer le détachement, lui dit une personne de sa famille.

— Oui, c'est un changement de décor...

A cause de sa santé ébranlée de plus en plus, les Supérieures ne durent pas songer pour elle à un poste de garde-malade. Cet office eût été au-dessus de ses forces. A plusieurs reprises déjà, elle avait été contrainte de prendre du repos, en dehors du temps des vacances, notamment de juin 1900 au 15 avril 1901. Durant cet espace de dix longs mois, elle avait suivi un régime nécessité par un épuisement presque total. Parfois encore une toux persistante l'empêchait de donner son cours intégralement. On ne pouvait mieux choisir, pour refaire sa poitrine délicate et donner un aliment à son zèle, que le sanatorium de Champrosay.

***

A Champrosay, « le coquet village des lilas et des roses », une magnifique propriété, en ce temps-là, faisait partie du patrimoine de la famille Minoret. La possession en avait été laissée à Madame Nolleval — Mademoiselle Minoret — à une condition, c'est que les pauvres du bon Dieu n'y seraient pas oubliés.

Personne mieux que les nouveaux possesseurs n'était capable de faire large cette part de la charité.

M. Nolleval l'offrit à la Société de Marie-Auxiliatrice qui installa, le 28 octobre 1893, dans le château et ses dépendances, le *Preventorium Minoret*. Par les fenêtres ouvertes, l'œil prend une vue d'ensemble ; c'est superbe. Adossé à la forêt de Sénart, un parc ombreux couvre de ses treize hectares une gracieuse colline que la Seine enlace dans un anneau d'argent. Les communications sont faciles : le chemin de fer s'arrête à quelques minutes de là, à Ris-Orangis, station sur la ligne de Corbeil.

Avec ses nouvelles constructions ajoutées aux anciennes, le Preventorium peut abriter 200 enfants ou jeunes filles anémiques, affaiblies par le surmenage et les veilles de l'atelier. Sous ces beaux ombrages, au grand air, Marie-Auxiliatrice avait aussi installé, en 1896, son noviciat.

Que d'attraits pour le cœur de Mère Marie-Berchmans ! Cette gracieuse oasis, témoin de la rénovation de ses vœux temporaires, le 20 septembre 1897, et de ses vœux perpétuels, le 29 août 1902, était pour elle le vestibule du paradis.

N'avait-elle pas goûté là ses joies les plus parfumées des senteurs du sacrifice ? N'avait-elle pas écrit là : « Me voilà maintenant à jamais à Dieu. Plus encore que par le passé, et pour toujours, je suis sa propriété, son bien... » ?

Là encore, elle s'était trouvée en contact avec de pauvres âmes d'enfants enveloppées d'ignorance religieuse, couvertes de la lèpre du péché, contaminées par le souffle du monde, qu'elle avait contribué à éclairer, à guérir, à sauver.

Délicieuse perspective pour l'apôtre assoiffée de procurer à d'autres de purs rayons de joie !

Cependant son séjour à Champrosay fut de courte durée. Dieu lui destinait sans doute une auréole et plus belle et plus riche en lui proposant, pour dernière étape de son pèlerinage, un théâtre où fleurit l'héroïsme.

Il nous faut la suivre au sanatorium de Villepinte.

* * *

VILLEPINTE ! Qui ne connaît aujourd'hui cette œuvre admirable ? L'aspect de la « plus belle infirmerie du monde », suivant le mot de Maxime du Camp, a tenté le talent de nombreux académiciens.

Les Religieuses de Marie-Auxiliatrice, dévouées à la jeunesse ouvrière, émues de l'abandon de tant de pauvres tuberculeuses à l'heure la plus cruelle, fondèrent le premier asile destiné spécialement aux jeunes filles, en 1877, à Livry (Seine-et-Oise). En 1880, l'établissement fut transféré à Villepinte. Il reste toujours le seul, en France, qui reçoive les phtisiques à toutes les périodes de la maladie.

Permettez-moi de citer les réflexions que suggère à M. René Doumic, de l'Académie Française, une journée passée à Villepinte :

« Quand on a fait le compte des victimes de la tuberculose, quand on constate qu'elle tue cent mille personnes en une année pour toute la France, douze mille adultes et deux mille enfants pour Paris seulement, on n'a pas dit encore ce que le fléau a peut-être de plus atroce : c'est que nous en sommes nous-mêmes les créateurs, qu'il est de notre invention et de fabrication récente. Certes, je ne suis pas d'avis qu'il faille, d'une façon générale et absolue, médire de la civilisation. Ce sont là éminemment des paroles inutiles :

on n'arrêtera pas la marche en avant, ou, si l'on veut, l'évolution de l'humanité. Ensuite, et parce que pas un cheveu ne tombe de nos têtes sans la permission de Dieu, c'est donc qu'alors même qu'il semble se faire contre Dieu, le mouvement moderne contribue à l'exécution du plan divin. Mais en prenant la civilisation pour ce qu'elle est, un fait, encore faut-il reconnaître qu'elle a ses tares et savoir comprendre qu'à son tour elle engendre des maux nouveaux. C'est elle qui attire vers les villes, enfumées et malsaines, ceux qui, naguère, travaillaient en pleine nature, sur le sol nourricier, dans les souffles bienfaisants de l'air libre, dans la pure atmosphère de la campagne. C'est elle qui, par le simple jeu des forces économiques, crée une misère effroyable, la misère moderne, que n'ont pas connue des époques réputées pour leur barbarie. Chaque perfectionnement du machinisme précipite une foule plus nombreuse vers ces ateliers surchauffés, bourdonnants, trépidants, qui semblent, pour qui vient du dehors, une soudaine vision de cauchemar. La science a tiré du jus de la vigne, inoffensif ou bienfaisant, le poison le plus meurtrier. D'autres maux encore, qui ont le vice pour origine, corrompent le sang des parents. Quel avenir peuvent attendre les enfants nés dans de telles conditions, héritiers des tares paternelles, grandis dans l'abandon, privés d'air et parfois de pain, anémiés, débilités, étiolés ? Ils sont la proie sur laquelle va s'abattre le fléau qui les guette. Ils sont — comme toujours — les innocents qui paient pour des fautes qu'ils n'ont pas commises.

« C'est au secours de ces victimes que se portent les religieuses de Marie-Auxiliatrice. Elles vont au plus pressé ! Tandis que savants, philanthropes hygiénistes — et même législateurs — étudient la cause du mal et s'efforcent, par des mesures préventives, d'en préserver les générations à venir, vous, au contraire, mes Sœurs, c'est du mal déjà fait que vous vous préoccupez. Vous ne voulez savoir qu'une chose : il y a des malades, il faut les soigner ; il y a des créatures souffrantes, il faut les aider à moins souffrir. Vous allez aux plus faibles : les jeunes filles et les enfants, aux plus déshéritées : les filles du peuple. Vous allez les chercher dans les mansardes et dans les taudis du pauvre, sur le grabat de la misère. Vous ne leur demandez compte de rien, sinon de leur mal. Et parmi elles vous ne choisissez pas, vous n'écartez pas celles sur qui la mort a mis déjà son empreinte trop visible ; vous les prenez toutes, d'un grand geste qui embrasse et serre sur un même cœur toutes les malades de quelque degré que ce soit. Et, transposant à peine la parole du Sauveur dont vous êtes ici-bas les représentantes, vous laissez venir à vous toutes celles qui gémissent et qui pleurent. »

* * *

Faut-il citer encore ?

« Vous les accueillez, poursuit l'illustre Académicien, dans cette maison de Villepinte dont, pour l'avoir une fois visitée, le souvenir reste inoubliable et hante à jamais la mémoire. C'est dans la campagne. On vient de traverser de vastes espaces libres. Les usines, les habitations ont disparu. On aperçoit un bouquet d'arbres : c'est là. Une maison riante dans un bois. De grandes perspectives : partout la vue s'étend sur de la verdure et sur des fleurs. De la façon dont tout est disposé, il n'y a pas un rayon de soleil, il n'y a pas un sourire du ciel qui ne parvienne à vos chères hospitalisées... On parcourt les allées, on entre dans les bosquets, on rencontre des enfants qui jouent, on entend des voix de jeunes filles qui causent, de fraîches voix, de gais babillages, des fusées de rire. Tout ce petit monde est à l'âge de l'insouciance et de l'allégresse. Telle est la première impression que vous fait cette maison accueillante : asile de paix, de vie facile, heureuse, maison de vie.

Mais il y a dans cette maison un hôte, qui en est l'effroyable ennemi. Les anciens l'auraient imaginé sous la forme d'un monstre aux proportions colossales. Les modernes, et c'est la géniale découverte de notre grand Pasteur, savent que l'agent de toutes les destructions est un infiniment petit. Les plus hautes murailles s'écroulent, les falaises escarpées tombent à la mer, et c'est l'action lente d'un adversaire minuscule qui a eu raison de ces géants. Ainsi en est-il pour le corps humain. Donc, on vous fait monter dans une petite pièce, où, parmi l'attirail de la chimie moderne, une sœur semble la vigie qui veille au haut du bâtiment et signale le danger. Elle vous invite à mettre l'œil au microscope ; et, non sans peine, vous distinguez quelque chose comme un mince fil rouge, moins que cela : un trait, une particule, une virgule. C'est lui, l'être méchant qui va faire taire la joie de ces chansons, ternir la fraîcheur de cette gaieté, flétrir cette jeunesse, ouvrir des cavernes dans ces poumons, amincir ces visages, creuser ces joues, colorer ces pommettes de l'inquiétante rougeur, allumer la fièvre de ces regards, secouer ces poitrines rétrécies par les spasmes de la toux et changer cette maison de vie en une maison de mort.

« Nous pouvons maintenant en parcourir les salles, en gravir les étages. Nous savons où nous allons et vers quel terme inéluctable nous achemine chacun de nos pas... Sous une immense véranda, des jeunes filles sont étendues. Tout à l'heure nous étions dans un pensionnat ou dans une volière. Nous sommes maintenant dans un sanatorium. Car c'est vous qui avez installé les premiers sanatoriums. Et je salue en passant l'intelligente initiative des fondatrices de cette maison, chez qui l'intuition du cœur a devancé les indications de la science, et qui ont, les premières, deviné les bienfaits de la cure d'air et donné l'exemple, désormais suivi partout, auquel on doit tant de guérisons. Un étage encore, et nous voici dans le cercle d'où on sait que pas une de celles qui y sont entrées ne sortira vivante. Ici les conversations se sont tues : c'est le règne du silence, et soi-même, pris d'une secrète angoisse, le cœur serré, on éteint le son de sa voix, on assourdit le bruit de ses pas. On défile entre deux rangées de lits, où celles que le progrès du mal y retient étendues, immobiles, rêvent — quels rêves ? Et de toutes ces blancheurs où les malheureuses sont déjà comme ensevelies, on ne voit émerger que les yeux, ces yeux agrandis, ces yeux qui ont l'air de vous regarder d'au delà de ce monde, de l'autre côté des choses. Puis c'est l'étroite chambre, dont celles qu'a déjà touchées le souffle glacé réclament la solitude, et où s'accomplit le grand mystère...

« Heureuses celles qui, grâce à vos soins, auront recouvré la santé, et seront rentrées dans la vie ! Vous avez chaque année à votre actif un nombre imposant et encourageant de guérisons. Celles-là ne vous oublient plus et restent à jamais attachées à cette maison où elles ont une seconde fois reçu le don de l'existence... Mais les autres, celles mêmes qui n'ont passé chez vous que le temps d'y mourir, comment dire ce qu'elles vous doivent ? Ces jours, ces derniers jours de leur vie misérable, sont les seuls où elles auront connu quelque chose qui ressemble à du bonheur. Jusque-là elles n'ont eu de contact avec la réalité que pour en éprouver les plus cruelles meurtrissures : les spectacles hideux de ces intérieurs en proie à tous les vices, les privations, l'injustice, les coups, la fatigue d'un labeur qui ne convient ni à leur âge, ni à leur faiblesse. Les malheureuses ! Qu'est-ce qu'elles sont venues faire dans la vie ? Quand elles vous arrivent, elles sont des révoltées, et comment ne pas le comprendre ? Vous ne les blâmez pas : vous les apaisez. Vous faites descendre sur ces âmes tumultueuses la grande paix qui est en vous et qui vient de votre foi. Vous ouvrez à leur ignorance tout un monde, le monde moral qu'elles ne soupçonnaient pas. Vous leur faites entrevoir les régions sereines qu'éclairent d'une lueur mystique les vérités éternelles. Grâce à vous, un rayon d'espérance réchauffe leurs regards défaillants, et quand leur pâle visage retombe pour la dernière fois sur l'oreiller, il est nimbé d'une auréole. »

* * *

« Voilà, telles que je les ai vues, les malades de Villepinte.

« Que vous dirai-je maintenant de celles qui les

13

soignent ? Que vous en dirai-je qui ne soit au-dessous de la réalité ? Songez que, sans un répit, sans une diversion, toute leur vie s'encadre dans ce milieu de souffrances. Elles manient de leurs mains légères, elles épient de leurs regards attentifs ces frêles malades. Non contentes de mettre autour d'elles cette propreté immaculée qui est la loi de l'hygiène moderne, elles ajoutent à la toilette quotidienne qu'elles leur font ce rien de coquetterie dont une jeune fille, dont une femme ne saurait jamais se passer : elles nouent un ruban dans leurs cheveux, une faveur à leur col. Elles font plus : elles réussissent à ne leur montrer que des visages souriants qui respirent et inspirent la confiance. Ah ! c'est le plus difficile. Car on s'attache aux êtres qu'on voit souffrir : ils deviennent vos enfants ; on n'aime tout à fait que ceux-là. Comment empêcher qu'ils ne lisent sur votre figure l'angoisse qui vous étreint ? C'est ce miracle que réalisent, tous les jours et à toutes les heures, les religieuses de Villepinte ; et je dis bien que c'est un miracle, et ceux qui nient les miracles, c'est donc qu'ils ferment volontairement les yeux à ceux qu'accomplit chaque jour la charité chrétienne.

« Sœurs de Marie-Auxiliatrice, saintes filles, amies des pauvres, consolatrices des affligés, au nom des souffrances dont j'ai été moi-même témoin et qui n'ont pas cessé d'être ma vivante agonie, laissez-moi agenouiller mon respect et mon admiration devant votre bonté, image sur la terre de la bonté divine. »

***

Et ces spirituelles observations d'un autre Académicien, M. Pierre de la Gorce :

« La maison de Villepinte, je l'ai visitée il y a quelques jours, et je voudrais dire ce que j'ai vu dans toute l'émotion de mon cœur.

« Un premier trait m'a frappé, mes Sœurs : la largeur de votre charité. A celles qui arrivent vous ne dites pas : « Avez-vous de l'argent ? » à la manière des aubergistes. Vous ne dites pas non plus : « Etes-vous en danger imminent de mort ? » comme ces administrateurs de villes d'eau qui ne veulent pas de convoi funèbre dans leurs rues. Vous ne dites pas : « Etes-vous guérissables ? » comme ces enregistreurs de succès qui auraient peur de déparer leur statistique. Vous ne dites pas : « D'où venez-vous ? » comme ces défiants incurables qui se perdent dans les références. Vous ne dites pas : « Quel est votre Dieu ? » ou même « En avez-vous un ? » car, à vos yeux, quiconque souffre en son corps est un envoyé de Jésus qui a souffert aussi. Vous ne dites pas même, à moins que le péché ne soit visiblement scandale : « Avez-vous péché ? » car vous êtes les filles de Celui qui a relevé Madeleine. Non, vous ne dites pas tout cela ; mais un seul mot sort de vos lèvres : « Vous souffrez, ma chère enfant, ma chère sœur en Jésus-Christ, entrez, vous êtes chez vous. »

Il fallut peu de temps à Mère Marie-Berchmans pour trouver, dans ce milieu, l'occasion de se faire « toute à tous ». Le ciel avait exaucé, sans tarder, la prière que lui inspiraient ses visées d'apôtre : « Mon Dieu, faites que j'approche de vous toutes celles qui s'approchent de moi ! »

Sa part de dévouement consistait à enseigner le catéchisme, chaque jour, aux différentes catégories de malades non encore instruites des vérités de la religion ; à organiser des fêtes récréatives pour les jeunes filles et les enfants du sanatorium ; à diriger enfin la phalange des « petites Sœurs agrégées ».

De l'aveu de toutes, elle réussit à merveille dans son emploi.

D'abord, en ce qui concerne son rôle de catéchiste : il répond à ses plus vifs désirs de faire connaître et aimer Jésus à de pauvres êtres élevés dans l'ignorance des dogmes du christianisme, déshérités de tout appui moral depuis leur enfance, abandonnés à la pauvreté, à la misère, à la souffrance, sans aucune idée d'une autre vie qui promet la récompense de leur courage et la consolation de leurs épreuves.

Les malades la voyaient toujours s'éloigner à regret, tant elle savait rendre attrayantes ses leçons imprégnées d'esprit surnaturel. Indifférente à la fatigue, elle conservait, à travers de continuels sacrifices, la douce sérénité de son âme. On a remarqué que les natures les plus sauvages et les plus récalcitrantes avaient des droits spéciaux à son dévouement maternel. Combien de ces dernières, qui n'épargnaient rien pour la rebuter, devinrent la conquête de ses vertus ! Combien lui doivent leur salut éternel ! Elle leur inspirait par ses paroles et ses exemples une sorte de vénération. Un mot, chuchoté de bouche en bouche, résumait l'impression générale : « C'est une sainte ! »

— Ma Mère, lui murmurait à l'oreille une agonisante, si je suis encore en purgatoire le jour de votre mort, venez me chercher bien vite pour que je sois avec vous dans le ciel...

Une autre de ses converties l'invoquait dans une suprême hémorragie : « O Mère Marie-Berchmans, ayez pitié de moi ! »

Quantité de traits analogues accumulés à plaisir, ne donneraient encore qu'une faible idée du prestige que la pieuse catéchiste exerçait sur l'esprit et le cœur des enfants du peuple auxquelles elle apprenait à aimer le divin Consolateur.

* * *

« L'on croit, en entrant à Villepinte, écrit M. de Lamarzelle, que l'on va y voir seulement le spectacle de la souffrance et de la tristesse, et l'on s'arrête tout étonné, aussitôt la porte ouverte, d'entendre des cris joyeux de toutes petites qui jouent, des chants accompagnés de musique, de voir des jeunes filles à la mine rieuse... »

Outre les leçons de catéchisme, Mère Marie-Berchmans distribue des sourires. N'a-t-elle pas la charge d'organiser ces fêtes qui rendent d'inappréciables services en favorisant les distractions qui engendrent la joie, cette indicible joie que le visiteur s'étonne de voir épanouie sur le visage de ces pauvres malades ! Elle ne se contente pas de faire interpréter des saynètes d'après les livres les plus en faveur, elle compose elle-même des drames, des comédies, des monologues en vers et en prose. Tout un recueil de ses « œuvres » enrichit encore aujourd'hui le répertoire artistique du Théâtre de Villepinte. Sa tâche est dure, mais l'infatigable semeuse, le regard en haut, entrevoit la moisson future et elle jouit du bonheur que fait naître l'espérance.

Enfin, le principal apostolat de notre charitable Auxiliatrice, dont le cœur éprouve un immense besoin de compatir à toutes les douleurs, fut la direction des « Petites Sœurs Agrégées ».

Ecoutons l'une d'elles, la petite Sœur Lidwine, manifester ses impressions :

« Pendant quelques années nous avons pu apprécier notre chère Maîtresse et nous n'hésitons pas à reconnaître, comme une grâce spéciale, ce bienfait de la Providence. Toujours joyeuse et spirituelle, malgré un état de souffrance et une santé chancelante, elle provoquait notre admiration. Nous nous disions entre nous : « Comment peut-elle faire pour se maintenir dans une égalité d'humeur aussi constante ? » Remarquait-elle une empreinte de tristesse ? Tout aussitôt elle dissipait d'un mot aimable toute trace de nuage : « Eh bien ! soyons joyeuses, n'allons-nous pas à la rencontre du bon Dieu ? »

« La chère Mère appréciait toutes choses au point de vue surnaturel. C'est ainsi que son esprit de foi lui faisait voir Dieu dans le prochain. S'il nous arrivait de laisser échapper un mot de critique, elle coupait court en disant : « Voyez, mes enfants, il faut toujours envisager les autres sous un jour qui leur soit favorable. Que savons-nous ce qu'il en est devant le bon Dieu ? Il faut être bonne mais bonne jusqu'à se laisser manger la laine sur le dos. » Son âme d'apôtre la portait à s'intéresser plus spécialement au salut des âmes. C'était vraiment Jésus qui s'exprimait par ses lèvres. Par son regard, sa modestie, sa douceur, sa bonté, par sa manière de faire le signe de la croix, par son ton de voix, elle excellait à faire aimer Notre-Seigneur. Sans doute elle ne négligeait rien pour préparer ses catéchismes et ses instructions, exposer la doctrine avec clarté, mais son secret et ce qui dominait ses discours, c'était l'onction, une onction pénétrante qui ouvrait le cœur à la douce action de la grâce.

« La sachant fatiguée et malade, nous aurions voulu lui faire accepter quelques adoucissements : « Non, non, disait-elle, il importe que la mortification nous accompagne partout. » Et chez elle, ce n'était pas un vain mot. Elle comptait pour rien ses souffrances personnelles. Il me souvient que, au soir de certaines journées de fête, après s'être dépensée au delà de ses forces pour le cher prochain, marchant silencieuse et recueillie dans les corridors, elle m'apparaissait, touchant à peine la terre, comme un ange prêt à déployer ses ailes pour s'envoler dans la Patrie. »

« A l'écouter, remarque une autre de ses filles, il nous semblait entendre une lyre qui résonne sous les doigts de l'Artiste divin. »

* * *

Son séjour à Villepinte, dans cette vaste maison dont toutes les fenêtres sont ouvertes du côté de l'air et de la lumière, au milieu de ce parc plein d'arbres et de fleurs, lui permet de contempler les œuvres de Dieu et son âme s'élève toujours plus haut dans la lumière :

« Je ne sais quelle sublime harmonie je découvre en toutes choses. Qui donc pourrait être insensible aux beautés de la nature ? Qui donc entendrait, dans la symphonie des êtres, la voix de Dieu sans un profond sentiment d'admiration et de gratitude ? A plaindre les hommes qui vivent parmi ces merveilles sans louer le Créateur... »

Quand le vent d'automne emporte les feuilles mortes au bord des allées du parc, elle pense aux trépassés et les interroge sur le mystère de l'autre vie : « Est-ce l'ombre ou la lumière ? »

Et surtout elle prie... Son âme, toujours ouverte aux effluves de la grâce, exhale un parfum d'encens au pied de l'autel, dans le cours de ses occupations, aussi bien pendant le travail que pendant le repos. » Quelques minutes d'adoration lui suffisent, dit-elle, pour dissiper les mauvais souvenirs de ses fautes de jeunesse, » — imperfections de surface que sa conscience si délicate lui reproche.

« Ce matin, au moment de m'approcher de la sainte Table, il m'a semblé que Notre-Seigneur pardonne beaucoup à ceux qui l'implorent avec confiance. Quiconque prie doit croire fermement être exaucé. »

Sa prière est facilitée par la pensée de la présence de Dieu. Et cet exercice lui est devenu tellement familier et habituel qu'on n'exagère pas en affirmant que sa vie est un perpétuel acte de foi en la divine présence.

Elle voit Dieu dans ses compagnes, dans les malades, dans les menus objets qui l'entourent ou dans les divers événements qui se succèdent au jour le jour. Partout son attitude de dignité, de respect, de recueillement, trahit la délicatesse de ses sentiments sous les touches de la grâce.

En son âme résonne la douce symphonie du monde extérieur. A Villepinte comme ailleurs, il y a des jours de pluie, mais que de jours de soleil !... Il y a des ombres et des brouillards, mais que de lumière et de ciels sereins !.... Il y a de rudes hivers, mais quels printemps fleuris, et quels automnes fertiles !.... Il y a quelques bruits effrayants, mais que de chants d'oiseaux et que d'harmonies dans la nature !....

Il y a surtout la perpétuelle présence du Maître au pied duquel la pieuse adoratrice passe des heures d'ineffable bonheur. De ce nouveau Sinaï, elle redescend comme Moïse, auréolée de gloire, et paraît au milieu de ses compagnes, tel un ostensoir de Jésus, resplendissant des reflets de la vision céleste.

XI

Sur les cimes.

SOMMAIRE. — Aujourd'hui. — Programme de sainteté. — « Je suis votre fourmi. » — Pas à pas. — « Je fais toujours ce qui lui plaît. » — Ferveur séraphique. — « Une âme d'adoration. » — La gloire de Dieu. — Continuelles ascensions. — Le bon plaisir divin. — Toujours les âmes. — Au pied du Tabernacle. — Tout par amour.

A une âme saintement désireuse de progresser dans la voie de la perfection, saint François de Sales écrivait : « Pensons seulement à bien faire aujourd'hui ; quand le jour de demain sera arrivé, il s'appellera aussi aujourd'hui, et alors nous y penserons. »

Tel est le programme de vie parfaite que Mère Marie-Berchmans adopte sur l'avis de son directeur.

Celui-ci connaît la richesse du sol qu'il cultive ; il sait qu'on peut en exiger le *maximum* de rendement sans qu'il en soit appauvri. Il propose donc à l'adoratrice-apôtre une méthode de spiritualité capable de l'élever sur les sommets de la sainteté :

« Ne pensez point au passé, dit-il, ne vous occupez

point de l'avenir, ne vivez que dans le moment *présent*. Cette vie du moment doit être une vie toute entre les mains de Dieu et abandonnée à son unique bon plaisir... Ayez une piété calme, simple, humble ; ne faites pas attention à vous, mais occupez-vous de la besogne du moment, impassible à tout, tenant votre âme doucement prosternée devant la divine Majesté. Confiez-vous dans son amour et non dans vos efforts... Nous sommes des enfants, nous n'aurons qu'au ciel tout l'usage de notre raison. Laissons-nous porter par la Providence comme de pauvres petits enfants.... »

En réduisant tout le travail de sa perfection à un seul point précis, c'est-à-dire au moment présent, elle concentre son attention à s'acquitter de son devoir avec soin, sans s'arrêter aux souvenirs du passé ni aux préoccupations de l'avenir.

Indifférente à ce qui n'est plus ou à ce qui n'est pas encore, elle n'ambitionne qu'une seule chose : sanctifier le moment présent.

Elle peut dire en toute vérité : « Je suis où Dieu me veut ; j'accepte et j'accomplis ce qu'il me demande et comme il le demande. »

N'est-ce pas là le secret de toute sainteté ? Maintenir sans interruption la barre du gouvernail dans la direction du port, c'est avancer sûrement vers le ciel.

A toute heure du jour, au pied de l'autel comme dans la cour de récréation, à la salel des exercices ou au réfectoire, en classe ou au chevet des malades, elle se comporte parout de la manière la plus agréable à Dieu parce que toujours elle veut le bon plaisir du Maître.

* * *

L'adoratrice ne perd pas de vue le Bien-Aimé. Que Jésus se présente à elle sous l'apparence d'un devoir à accomplir, d'une joie à goûter, d'une épreuve à subir : « C'est lui, c'est le Seigneur », pense-t-elle à juste titre. Et derrière le voile des créatures ou des événements, sa vigilance attentive lui révèle la présence de Celui qu'elle adore dans l'anéantissement de tout son être : « Mon Dieu, je vous aime et veux vous glorifier... Petite créature, je n'existe pour ainsi dire pas. Je suis une *fourmi* devant vous. Petite fourmi, je trace mon sentier, je butine sous votre regard... *je suis votre fourmi....* » Elle se plaît à emprunter à la nature de gracieuses comparaisons pour exprimer son absolue dépendance et le souverain domaine de Dieu sur elle ; mais ce qui revient sous sa plume sans interruption, c'est le sentiment de joie que lui fait éprouver son union avec Notre-Seigneur. Elle chante sur le rythme de la poésie son bonheur de cheminer pas à pas et cœur à cœur, dans un accord parfait, avec son divin Epoux Pour son âme, chaque parcelle successive de la minute qui passe devient le moyen dont elle se sert pour identifier sa volonté avec la volonté de Dieu. Entre ces deux vouloirs, il y a une union admirable, la plus étroite qu'on puisse réaliser.

On peut dire qu'elle fait de sa vie religieuse comme une communion ininterrompue.

« A quoi tient-il, remarque un pieux auteur, que notre vie soit comme une communion avec le divin Amour, et que cette communion de tous les instants produise dans nos âmes autant de fruits que celle où nous recevons le corps et le sang du Fils de Dieu ? Celle-ci, il est vrai, a une efficacité sacramentelle que la première ne possède pas ; mais, d'un autre côté, combien celle-là ne peut-elle pas être renouvelée et combien son mérite ne peut-il pas s'accroître par la perfection des dispositions avec lesquelles elle est accomplie ? »

Mysticisme outré aux yeux du vulgaire, sublime réalité aux yeux illuminés par la foi. Quelle délicieux festin : un Dieu toujours donné et toujours reçu !

Est-il plus bel idéal pour la religieuse de Marie-Auxiliatrice que cette parole tombée des lèvres de Jésus parlant de son Père : « *Je fais toujours ce qui lui plaît*[1]. »

Heureuse l'âme privilégiée qui peut réaliser cette devise !

[1] S. Jean, 29.

* * *

« Je suis née dans un monde que l'*Amour qui aime toujours* avait préparé, embelli pour moi ; que faire en retour ? Me laisser écraser par l'ineffable amour de Dieu... Oh ! qu'il est juste de lui avoir donné ma jeunesse, mon cœur, mon être en échange de ses bienfaits ! Il m'a aimée de toute éternité, il m'entoure de sa tendresse, il me protège, me perfectionne, m'unit à lui à chaque instant ; il m'accorde le moment présent, me console, pardonne mes fautes, remet ma dette, rétablit entre lui et moi la douce harmonie... Oui, ô Jésus, vous êtes ma caution, ma rédemption, ma justice, mon amour, ma vie. Par l'Eucharistie vous devenez mon bien propre avec vos perfections et votre éternité... Oh ! que je voudrais pouvoir vous dire à mon tour : il y a aussi toute une éternité que je vous aime ! »

Ces accents trahissent une ferveur séraphique. C'est le cri d'un cœur débordant de confiance. A l'époque déjà lointaine de ses premiers élans vers Dieu, alors qu'elle aspirait à fuir le monde, la future Auxiliatrice exhalait des sentiments de tristesse, d'inquiétude et de regrets. Le passé et l'avenir n'offraient à son esprit que sujets d'angoisse. A cette heure, il n'est plus question, dans ses écrits, que de confiance filiale, d'amour continuel et d'entière dilatation du cœur.

L'avenir ne l'effraie pas. Que lui servirait de redouter des éventualités problématiques ? Elle simplifie sa vie en la concentrant sur le moment présent.

Où Dieu nous a plantés, il faut savoir fleurir.

Elle s'attache uniquement à ce qui est, et en tire tout le profit possible pour la gloire de Dieu, pour son avancement spirituel et le plus grand bien des âmes qui l'entourent.

A mesure qu'elle avance dans le chemin de la vertu, Mère Marie-Berchmans se dégage de toute attache à la créature : « Comme il faut être libre pour aller à Dieu ! s'écrie-t-elle. Faites que mon cœur ne s'arrête à aucun sentiment. Vous seul, Seigneur ! Quel malheur si je perdais une parcelle de ce temps si précieux qui m'est donné pour vous adorer, vous aimer et vous consoler ! Rien à moi... Tout à vous !... Détachez mon cœur de ce qui passe afin qu'il soit à jamais fixé en vous ! Que je sois pour toujours ravie dans la contemplation du mystère de votre gloire ! »

La gloire de Dieu ! Ce sera désormais le centre d'attraction de celle qui veut être *simplement une âme d'adoration* jusqu'à son dernier soupir. Elle fera tout converger vers ce but. A l'entendre, on croirait qu'elle a pénétré dans le sanctuaire auguste de l'adorable Trinité où elle a entrevu l'acte ineffable par lequel Dieu le Père, se contemplant, engendre de toute éternité son Verbe dans cet amour réciproque du Père et du Fils d'où procède le Saint-Esprit. Nos yeux, comme ceux des oiseaux de nuit, dit un saint; ne peuvent pas pénétrer ces mystères. Ils ne peuvent pas fixer ces soleils éblouissants. L'éternité elle-même ne suffira pas pour nous en faire admirer l'éclat et la beauté.

La gloire de Dieu! Le ciel et la terre la chantent en des strophes de sublime harmonie ; les anges et les hommes, les astres et les mondes, tout être sorti des mains du Créateur redisent à l'envi le cantique de la louange ; la gloire de Dieu est la raison d'être de la Création, de l'Incarnation et de la Rédemption...

Procurer la gloire de Dieu, en union avec Jésus-Christ, notre chef, notre pontife, qui seul peut donner une valeur divine à nos actes : tel est le premier devoir de l'humanité. Telle est aussi la noble mission que se donne l'Adoratrice-apôtre. Elle veut que ses hommages, passant par le Cœur de Jésus palpitant d'amour dans l'Hostie, montent sans cesse vers le Père qui est aux cieux ; elle s'offre pour tenir la place des indifférents, des oublieux, des pécheurs dans le concert mondial de l'adoration perpétuelle. Etroitement unie à l'Agneau immolé sur l'autel du sacrifice, elle rend gloire à Dieu : pensées, actions, joies, peines, prières, communions, oraisons jaculatoires deviennent une note dans cet hymne de louange au Dieu trois fois saint. Sa vie est un *Sanctus* incessant.

En toute vérité, « chaque volonté de Dieu qui la touche l'émeut jusqu'aux entrailles. Comme un enfant endormi que sa mère ne peut réveiller sans qu'il lui tende les bras, elle sourit à chaque vouloir divin et l'embrasse avec tendresse. Elle n'est à Dieu qu'un *oui* vivant. Chaque soupir qu'elle pousse, chaque pas qu'elle fait est un *amen* brûlant qui va se joindre à l'*amen* céleste et s'y accorder [1]. »

* * *

Et si vous lui demandez le secret de la paix inaltérable dont son âme est inondée, de la joie souriante qui rayonne et s'épanouit sur ses traits, de la douceur aimable qui fait le charme de ses entretiens avec ses compagnes, de l'attrait qui la porte à rechercher la souffrance, elle vous répondra : « La grâce du bon Dieu rend tout facile. Lui faire plaisir en toute occurrence, c'est éprouver le vrai bonheur sur la terre en attendant la félicité éternelle... Le temps nous entraîne avec une rapidité vertigineuse vers la mort, il n'y a pas lieu de lésiner avec le Souverain Maître... Comme la plante que féconde la chaleur du jour et la rosée

[1] Mgr GAY, *Vertus chrétiennes*, III, 180.

la nuit, il faut croître et se développer sous l'action de la divine grâce jusqu'à pleine maturité, il faut progresser sans cesse dans la vertu, disposer de continuelles ascensions dans notre cœur, et faire de notre vie une marche en avant dans la voie de la perfection. »

Belle est la nature dans la fécondité de son sein, dans l'harmonie de ses lois, dans la majesté inviolable de son cours. Belle est l'immensité des espaces où se balancent, comme des navires, les astres que la main de Dieu y sema au premier jour. Mais nul spectacle au monde qui soit comparable à celui d'une humble petite créature s'élevant des obscurs rivages de la médiocrité aux plus hauts sommets de la sainteté.

« L'accomplissement de la volonté de Dieu, — écrivait la très révérende Mère Marie-Elisabeth — c'est le seul bonheur de la terre, et je crois bien que ce sera notre plus grande jouissance au ciel. »

Docile à l'enseignement maternel, elle aussi préconise ce moyen comme étant le chemin le plus court et le plus rapide pour atteindre les cimes de la perfection. « C'est certainement ce qu'il y a de plus saint, de meilleur et de plus divin pour nous. » Et elle s'applique de plus en plus à la fidélité au bon plaisir de Dieu. Il en résulte cette paix de l'âme, du cœur, d'une bonne conscience, qui surpasse tout sentiment et s'épanouit comme le sourire du bon Dieu sur sa personne.

Quel contraste entre ce sourire habituellement empreint sur ses traits et la pâleur de son visage émacié par la souffrance ! Mère Marie-Berchmans visiblement atteinte du mal qui va trancher le fil de son existence en pleine jeunesse, ne se fait pas illusion sur la brièveté du temps qui lui reste à passer sur la terre. Ses écrits révèlent à cet égard sa pensée intime. Elle médite ce passage de l'Imitation : « Disposez et réglez tout selon vos désirs et vos vues, et toujours vous vous trouverez obligée, bon gré mal gré, de souffrir quelque chose, et ainsi vous trouverez toujours la croix. Car, ou votre corps ressentira de la douleur, ou vous souffrirez en votre âme les tourments de l'esprit. Vous serez tantôt délaissée de Dieu, tantôt exercée par le prochain et, chose plus fâcheuse encore, vous serez souvent à charge à vous-même. »

Nulle trace de découragement, ni de tristesse, ni d'ennui. Sur son calvaire, à la vue de la croix où la volonté de Dieu s'apprête à la clouer, elle prend son parti en brave, parfaitement résignée à ne rien refuser aux exigences de la maladie qui l'étreint : « Père, ô mon Père, que votre volonté soit faite !... » Et, tout abandonnée à cette divine volonté, sa grande âme accepte généreusement d'être comme l'or dans le creuset, comme la toile sous le pinceau de l'artiste, comme le marbre sous la main du sculpteur. En cela, elle se propose la gloire de Dieu et l'apostolat des âmes qui se perdent. Ce double but est également le motif de sa prière continuelle qui s'élève comme la fumée de l'encens, comme le parfum des fleurs vers le trône de l'Eternel.

***

Son exquise sensibilité, affinée encore par son état maladif, exposait parfois la douce Auxiliatrice à s'apitoyer sur le sort des petites pensionnaires de Villepinte. Alors, craignant de dérober à l'Epoux divin la moindre parcelle du trésor d'amour auquel il a droit, elle proteste de son intention d'être à Lui seul sans réserve et sans partage. « Pourquoi le cœur humain, écrit-elle, va-t-il donc chercher des affections éphémères parmi les créatures qui reflètent l'image du Créateur, quand il porte en lui-même la splendeur du vrai ? Je suis le ciboire vivant de Jésus : cette pensée me transporte de joie, et j'aime à me tenir dans une profonde adoration devant ce Dieu qui habite en moi. Que tout s'éclipse en présence de cette beauté infinie, de cette bonté suprême, de mon unique Amour ! Il est là, il me voit, il me pénètre... Respect à cette auguste Majesté... »

« La pratique de la présence de Dieu lui était devenue si familière, remarquent les personnes de la maison, qu'elle semblait être en conversation constante avec le ciel, dans l'attitude du recueillement, telle qu'on la voyait au pied du tabernacle. »

Au pied du tabernacle, en compagnie des anges, c'est là que Mère Marie-Berchmans voudrait vivre et mourir, mourir d'amour. Chaque matin se lève, dans tout son éclat, le soleil eucharistique dont les clartés illuminent son âme et réjouissent son cœur. Elle communie tous les jours, et elle avoue que la privation du « pain quotidien » serait pour elle une douloureuse agonie.

Il semble même que ses forces physiques se renouvellent au banquet sacré, tant elle se montre active à son emploi durant les heures de la matinée. Puis, la flamme vient-elle à baisser au cours de ses occupations journalières, une visite au Saint Sacrement, une demi-heure d'adoration, lui suffit pour retrouver son premier élan. On pourrait croire que le désir de la communion du lendemain lui donne des ailes qui la soutiennent au-dessus des misères et des fatigues du voyage en ce bas monde.

Rien ne lui paraît banal, monotone, fastidieux dans l'exercice de sa charge, parce que, au service du Maître qui l'enveloppe de sa tendresse, elle est aux petits soins pour lui être agréable.

***

Le bienheureux Curé d'Ars disait avec tristesse : « Je pense qu'il y aura peu de bonnes œuvres récompensées, parce qu'au lieu de les faire par amour pour Dieu, nous les faisons par habitude, par routine, par amour de nous-mêmes... Que c'est dommage ! »

Un tel reproche, Mère Marie-Berchmans, dans l'excès de son humilité, l'eût pris pour elle-même, mais le jugement des personnes qui l'ont connue ne l'aurait pas ratifié. L'une d'elles a déclaré que toute sa vie a été « un acte d'amour ».

Oui, elle est vraiment belle cette courte existence dont tous les instants ont été éclairés et vivifiés par le chaud et radieux soleil de la divine charité !

« Maintenant je n'ai plus aucun désir, si ce n'est d'aimer Jésus à la folie. » N'est-ce pas le cri d'un cœur épris du pur amour ? Comme sainte Thérèse, notre fervente adoratrice eût pu ajouter : « O Seigneur, que d'autres vous servent mieux que moi, et que vous leur réserviez au ciel plus de bonheur, je le veux bien ; mais qu'il y en ait qui vous aiment davantage, je ne sais si je pourrais le souffrir. »

Comme Marie-Thérèse de Soubiran, la vénérée Fondatrice de l'Institut, au soir de son existence elle pourra dire : « Dieu m'a sans cesse comblée de miséricorde et d'amour. » Mais ce qu'elle ne dira pas et qu'on lira à chaque page de sa vie, c'est l'immense générosité avec laquelle elle répondit à la libéralité divine. Son *Suscipe* était de tous les instants. « Prenez, Seigneur, et recevez le don de tout moi-même. » Ce don de soi à Dieu et aux âmes, inspiré par la divine Eucharistie, fera d'elle la parfaite Adoratrice-apôtre dont la vie, toute de virginal amour et d'inlassable dévouement, attirera tant d'âmes conquises par cette sublime vertu.

Aussi, je ne m'étonne pas d'apprendre que l'humble religieuse exerce un ascendant auquel les jeunes filles du sanatorium ne peuvent se soustraire.

Un simple trait. Subjuguée par l'influence de Mère Marie-Berchmans, une de ses nouvelles converties lui pose la question : « Est-il permis de se marier avec un divorcé ? » Sur la réponse catégorique de la Maîtresse, la pauvre enfant se trouble, balbutie quelques paroles de stupéfaction, manifeste son désappointement et cède à une crise de larmes. Sa tristesse persiste durant quelques jours. Puis, courageuse et rassérénée, elle se présente d'elle-même, décidée à faire le sacrifice de ses rêves d'avenir : « Ma Mère, dit-elle, voici ma bague de fiancée ; je la renvoie, car, avant tout, je veux être une bonne chrétienne. » Dieu bénit sa résolution. Rentrée dans sa famille elle en fut l'apôtre, procura le bienfait du baptême à ses frères et sœurs et devint l'ange du foyer.

XII

L'Holocauste.

SOMMAIRE. — « Seigneur, il est temps de nous voir. » — Parfum d'édification. — « Trésor caché. » — Prières liturgiques. — Aux écoutes. — Union intime avec Dieu. — Etat d'abandon. — *Hostia pro Hostia.* — « Quel beau nom ! » — Entre les bras de Marie. — « Je prépare ma mort. » — Voici le soir. — Bénédiction paternelle. — La victime sur l'autel de l'immolation. — La fin du sacrifice. — Holocauste sublime. — Au cimetière de Villepinte.

Au soir de sa vie, sainte Thérèse, résumant d'un mot tous les élans de son cœur, disait à Dieu : « Seigneur, il est temps de nous voir ! »

Ce même souhait jaillit souvent des lèvres de Mère Marie-Berchmans. Ses aspirations vers le ciel sont autant d'oraisons jaculatoires, de traits enflammés, qui traduisent les sentiments d'un cœur de plus en plus détaché de la terre et uniquement épris des charmes divins.

Il est visible que la colombe s'apprête à prendre son essor définitif vers l'au delà. Tout entière à son attrait pour l'éternelle vie, elle ne dissimule pas son vif désir de parvenir enfin au rendez-vous suprême.

« Oh ! que je voudrais, du moins, n'avoir plus de vie à moi ! Que seule la vie divine absorbe tout mon être, afin que rien de ce qui est humain ne m'émeuve !

« Me faudra-t-il gémir longtemps encore de mes infirmités ?... Au ciel seulement nous jouirons de la plénitude de la vraie vie et de la joie parfaite, parce que Dieu sera tout à nous et que nous serons à lui sans retour. Oh ! alors qu'il y aura d'amour dans cette communion !... Seigneur, augmentez ma capacité de vous aimer et faites que mon unique bonheur soit de vous aimer et de vous faire aimer chaque jour davantage ! »

La souffrance est peinte sur son visage. N'est-elle pas atteinte du même mal implacable qu'on s'efforce de combattre dans les salles de Villepinte ? Peut-être. Mais, à coup sûr, elle s'en soucie peu, pourvu qu'elle répande parmi ses compagnes l'édification et l'entrain. Elle applique sa délicatesse ingénieuse à prévenir les désirs de toutes et à rendre à chacune mille petits services. Elle y met tout son cœur.

Il lui arrive même à certains jours de craindre quelque retour de satisfaction trop humaine :

« Quand j'éprouve une consolation du côté de la créature, je me sens inquiète, troublée, déçue. J'apprends à mes dépens que je m'éloigne de mon centre de gravité et j'en ressens une peine cuisante... Pour vivre en paix, il est absolument indispensable de se livrer sans réserve à la volonté de Dieu, de s'abandonner de tout cœur à son amour. »

Lorsque l'amour divin a dirigé toute une vie, quand son service en a commandé tous les actes, comment s'étonner que le soir de l'existence appartienne au ciel plus encore qu'à la terre ?

« L'amour n'est pas aimé, s'écrie-t-elle ; je me *surdépenserai* pour Lui témoigner mon amour... Maître, je vous suivrai partout. Madeleine vous écoutait, à genoux à vos pieds, ravie par vos charmes ; j'accepte la souffance, je ne veux que la croix, afin de vous prouver que je vous aime. Qu'est-ce qui peut me séparer de l'amour de mon Jésus ? Ne biaisons pas : Lui, rien que Lui sur mon calvaire... Quoi que je souffre, il l'a souffert, me dépassant dans la douleur... Je veux être un instrument d'expiation. N'est-ce pas, ici, le rôle qui me convient ?... »

***

On écrirait un volume à citer les feuillets de ses notes intimes. Je ne parle pas de ses écrits inspirés par les circonstances, les fêtes, les soirées récréatives, les anniversaires... Glaner dans ses œuvres, ce serait les déflorer. Publier ses réflexions personnelles, ses cahiers de retraite, ses examens de conscience, ses résolutions ou le résumé de ses méditations, me paraîtrait manquer au devoir de la discrétion qui s'impose. Toute âme a ses secrets que Dieu se réserve. Les livrer au public, ne serait-ce pas une profanation ?...

Qu'il me suffise, après avoir soulevé le voile qui dérobe à la vue ce « trésor caché », d'affirmer que l'humble Victime, à mesure qu'elle se rapproche de l'autel du sacrifice, s'embellit des charmes surnaturels de la foi, de l'espérance, de la charité, de la pureté...

Une jeune fille, après avoir lu la Vie de saint Berchmans, émettait cette réflexion au sujet de sa Maîtresse :

« C'est le portrait tout à fait ressemblant de Mère Marie-Berchmans. Elle en reproduit trait pour trait les vertus et la sainteté. »

Dans sa piété, dans ses relations avec Dieu, nulle trace de *sentimentalisme* ni de *pieuseté*, rien de ce qui fait consister la vie intérieure dans les impressions et les émotions et laisse la volonté esclave de l'imagination et de la sensibilité. Sa prière, autant que possible, c'est la prière liturgique, la prière de l'Eglise. Elle aime à assister chaque jour en esprit à toutes les messes qui se célèbrent dans l'univers, à prendre part aux offices, à méditer les paroles du Missel et du Bréviaire. « Soyons des âmes d'adoration... Faisons de nos journées des « Gloria Patri... »

Elle ajoutait :

« Tout me pénètre de la nécessité de recourir fréquemment à la sainte Trinité pour que ma vie ne s'égare point vers les mirages trompeurs. Soyons aussi des âmes de supplication.... »

Il nous semble superflu de rappeler avec quelle ardeur elle participe aux élans que le Cœur de son divin Epoux éprouve pour le salut de ses créatures et pour la délivrance des âmes qui gémissent dans le Purgatoire.

A une malade elle disait : « Qu'importe la souffrance quand on sait qu'elle contribue à procurer la gloire de Dieu et le salut des âmes ! Soulager par nos épreuves les âmes dolentes du Purgatoire, n'est-ce pas aussi une joie qui rachète bien des peines ? »

Une « petite Sœur » dit encore : « Mère Marie-Berchmans professait un culte filial envers les Supérieures : « N'oubliez pas, répétait-elle, que Jésus vit en chacune d'elles. Pensez à leurs sollicitudes. Efforcez-vous de rayonner près d'elles d'indulgence, de soumission, de serviabilité, afin de refléter la mansuétude du doux Sauveur qu'elles représentent effectivement. »

La même narratrice continue :

« Notre bonne Maîtresse, dans ses instructions, nous parlait de l'union de l'âme avec Notre-Seigneur, de l'absolue nécessité de la vie intérieure ; elle insistait sur l'habitude du *silence priant*, puissant moyen d'apostolat... « Si vous êtes « en silence de tout » vous pourrez vous occuper des intérêts du bon Dieu... Ayez faim de vous taire pour parler librement à Celui qui est toujours attentif et aux écoutes. »

* * *

De son côté, la Mère Supérieure de Villepinte s'exprime ainsi :

« Dans l'emploi de Directrice des « Petites Sœurs », emploi qu'elle a exercé jusqu'à la veille de sa mort, Mère Marie-Berchmans apporta la note de *joyeuse abnégation* que je lui ai toujours connue.

« Dominée par la pensée unique de la gloire de Dieu, elle éprouvait une joie à nulle autre semblable, quand les progrès de l'Œuvre, les sacrifices de ses Sœurs, la sérénité des malades doucement ramenées à la religion, le triomphe de la grâce sur des cœurs ulcérés par la souffrance, offraient un spectacle capable de contenter le regard du Tout-Puissant.

« Dans ses instructions aux Petites Sœurs comme dans ses causeries en récréation, c'était son thème favori : *Devenir une louange vivante de gloire à Dieu.* »

On le voit, sa conversation est dans le ciel. Elle remplit la même fonction dont les anges s'honorent devant le trône de l'Eternel. Ses *Gloria Patri* la jettent constamment en adoration devant la sainte Trinité. Elle consacre la plus grande partie de son temps à se tenir dans l'intimité de ses frères et de ses sœurs du Paradis. Et ce pieux commerce accroît en son cœur la nostalgie du ciel, que saint Grégoire regarde comme un gage de prédestination.

« Toute sa journée de malade, dit encore la Mère Supérieure, était orientée vers le sacrifice de la Messe : « Mon Dieu, ne me refusez pas d'assister tous les jours à la Messe... Il n'y a qu'un sacrifice que je ne comprends pas et qui me coûterait plus que tous les autres : Passer un jour sans communier... » Et elle disait cela les larmes aux yeux. »

Toute sa vie, ajouterai-je, l'événement le plus considérable à ses yeux et le plus digne de fixer son attention a été cette union intime avec Jésus, la possession du Bien suprême, revenant des milliers de fois dans une journée à l'hôte divin qui avait fixé sa demeure en son âme. Avec quelle sollicitude elle a tenu ses facultés dans une dépendance habituelle de plus en plus parfaite à l'égard de Dieu vivant en elle !...

***

A mesure que la chère malade sent ses forces diminuer et le terme de sa vie plus proche, elle s'affermit davantage dans l'état d'abandon. Cet abandon, d'ailleurs, ne diminue en rien son ardeur à consoler Dieu en lui donnant des cœurs d'enfants et de jeunes filles.

De là résulte dans cette âme une habitude de sainte indifférence pour la prolongation de ses jours ou l'acceptation de la mort. Pourvu que les ombres du soir n'empêchent pas les célestes clartés et que sa modeste carrière s'achève dans la fidélité à ses serments d'amour, elle laisse à Dieu le soin de décider de son sort.

« Que votre sainte et adorable volonté soit mille fois bénie, et qu'avec l'aide de votre grâce je me soumette en tout et pour tout à votre bon plaisir ! »

Elle ne témoigne ni impatience, ni abattement. Il semble même que sa belle âme se dilate, en dépit des angoisses, dans une confiance filiale.

Pas une particularité de ses actions qui ne devienne le sujet d'un acte de foi. Pas un instant de ses journées qui ne lui donne occasion de faire preuve de charité. Pas une souffrance qui ne lui inspire un *sursum corda.*

Cependant une observation s'impose : Dans l'atmosphère d'amour divin où l'âme de la fervente Auxiliatrice s'est épanouie, à quelle cause attribuer les tourments de conscience qui font de la dernière phase de sa vie un douloureux chemin de croix ?

« O Maître, que ferez-vous d'une pauvre âme qui s'est aimée et qui a désiré être traitée comme digne d'estime et d'affection ?... Qu'en ferez-vous devant la sainteté de Dieu à qui tout est dû ?... Faites-la expier... Purifiez-la dans le bain de la pénitence et dans le sang miséricordieux du Calvaire. Désormais, en ce court espace qui me sépare de la mort, je suis toute vôtre... O Marie, ma bonne Mère, obtenez-moi de réparer... »

L'humanité ne pouvant être rachetée que par le sacrifice, l'Homme-Dieu a fait de toute sa vie terrestre une immolation perpétuelle.

Notre humble victime le sait et elle s'identifie avec le divin Crucifié. Comme Jésus elle veut être hostie, Dès lors, sa devise est dorénavant : *Hostia pro Hostia !*

« Je vous rendrai donc hostie pour hostie, ô mon Rédempteur. Je vous fais de moi-même une immolation totale fondue avec votre immolation opérée une fois sur le Golgotha et renouvelée plusieurs fois par seconde par les Messes qui se succèdent dans le monde entier. »

Une telle oblation, semble-t-il, plaît souverainement à la divine Justice, à en juger d'après les rigueurs du châtiment qui précipitent les innocentes victimes sous le pressoir de Gethsémani. Elles complètent pour leur part ce qui manque à la Passion de Jésus-Christ. Mais leurs expiations volontaires montent vers le ciel pour en faire descendre les fruits de la Rédemption.

Réaliser l'holocauste de soi-même par l'*abneget semetipsum* n'est que le premier pas dans le chemin où s'engage notre généreuse Auxiliatrice.

Son sacrifice devient de plus en plus crucifiant à mesure qu'elle avance. Le soir de sa vie ne manque pas d'analogie avec la vie de l'Epoux bien-aimé.

Et qui sait si ses remords n'entrent pas pour un peu dans son rôle de victime ?...

* * *

L'Enfant de Marie-Auxiliatrice, — « quel beau nom ! » remarque Mgr Baudrillart — à ses heures d'agonie, se souvient de la belle prière de l'abbé Perreyve : « Vierge sainte, au milieu de vos jours glorieux, n'oubliez pas les tristesses de la terre, ayez pitié de ceux qui sont dans la souffrance, ayez pitié de l'isolement du cœur. Ayez pitié de la faiblesse de notre foi. Ayez pitié de ceux qui pleurent, de ceux qui prient, de ceux qui tremblent. Donnez à tous l'espérance et la paix. »

L'espérance et la paix, quand elle tremble à la pensée du redoutable jugement, lui reviennent par le canal béni de toute grâce. Sous les traits de l'ange consolateur, la douce image de l'Immaculée lui sourit :

« Plus on apprend à connaître les incomparables privilèges de la sainte Vierge, et plus on aime à l'invoquer. O Marie, ô ma Mère, je vous entends me dire : « Tu détestes le mal ; à quoi bon en évoquer le souvenir, puisque tout a disparu dans l'abîme de l'infinie miséricorde ?... »

Puis, entre les bras de Marie, elle aperçoit l'Enfant Jésus l'accueillant avec bonté. Et cette vision dégage son esprit de toute préoccupation.

« Plus je deviendrai malade, incapable, ayant besoin des autres, plus je ressemblerai à ce petit Enfant qui est mon Dieu fait Hostie pour moi, et plus aussi j'accepterai que mon âme soit le repos du bon plaisir de Dieu. Je veux que ma résignation soit un acte de parfaite obéissance à sa sainte volonté. »

Et c'est ainsi que la « crucifiée », oubliant ses souffrances, continue sa tâche sans se décourager. Elle apprend à ses chères malades, qui seraient exposées à l'oublier, que la vie réelle ne commence pas à la naissance, mais bien à la mort ; que leur triste passage en ce monde leur confère un privilège à bénéficier pour l'éternité du bonheur dont elles sont dénuées ici-bas...

Pour elle-même le sacrifice de sa vie date du jour déjà lointain où elle entrevit ce que doit être toute destinée humaine : une ascension vers la Patrie des cieux...

***

« Dans les courses de montagne, dit M. Pierre de la Gorce en parlant de Villepinte, quand le sentier chemine tout rétréci entre la roche qui surplombe et l'abîme qui se creuse, les guides s'appliquent à marcher en avant des voyageurs pour leur voiler un peu le précipice ; en le voilant ils ne l'interceptent pas tout à fait ; car il faut bien que les yeux s'y habituent, pour le moment où l'on atteindra les ponts de glace et les arêtes aiguës suspendues dans le voisinage du sommet. Les religieuses font de même. La charité, avec ses inspirations, leur suggère une psychologie qu'aucune école humaine n'enseignerait. Elles aussi, elles voilent et montrent l'abîme. Elles ne suppriment pas brusquement l'espérance ; seulement, par un travail intime, à la fois humble, savant et magnifique, elles substituent à l'espérance de la vie l'espérance divine, en sorte que l'une grandit à mesure que l'autre s'efface ; et comme on éteint peu à peu les cierges d'un autel, elles n'achèvent d'éteindre les lumières de la terre que quand elles ont allumé le flambeau qui ne s'éteindra plus. »

Précautions inutiles s'il s'agit d'une Auxiliatrice. Mère Marie-Berchmans sait de quel prix est l'offrande de son sacrifice filialement accepté. Elle attend avec sérénité l'heure de son humble holocauste. Ses pressentiments ne la trompent pas. Avec un abandon souriant elle se dispose au grand voyage.

Pourtant, une pensée l'obsède, la pensée et le souvenir de ses chers parents qu'elle serait heureuse de revoir à la veille de franchir le seuil de l'autre vie. Désir bien légitime assurément, quand, pour ses bien-aimés, pour leur bonheur éternel, on a pris sur soi d'acquitter toutes les dettes et de solder la rançon.

Plus d'une fois déjà la visite de Madame Duquesne et de Geneviève lui a prouvé, en l'édifiant, que leur cœur charitable les a bien guidées dans les sentiers de la vertu. Leurs entretiens sont pour elle une preuve non équivoque d'esprit chrétien, profondément chrétien, et de vues surnaturelles. Oh ! le doux réconfort pour son âme d'apôtre !... Quels élans de reconnaissance envers l'Auteur de tout don [1] !...

Mais hélas ! son « père chéri » s'obstine à ne pas voir le doigt de Dieu dans la vocation de sa fille. Jamais un mot de sa part, pas la moindre lueur d'espoir d'un « pardon » mille fois imploré avec larmes depuis dix-huit ans ! Si encore, le plus petit symptôme de retour vers Dieu était manifeste ! Non. Aigri et sceptique, M. Duquesne s'entête à ignorer l'existence de la « fugitive » dont il ne veut plus entendre parler...

Et les jours passent, et la malade attend... Quelques mots écrits d'une main qui tremble révèlent ses dernières résolutions :

« Donner de la joie toujours... » « Accepter l'humiliation de n'être bonne à rien... » « Rendre heureux autour de moi... »

« Si l'on me demandait : « Que préparez-vous

[1] Madame Duquesne est morte, en 1919, dans des sentiments admirables de parfaite docilité aux pratiques de la vie chrétienne.

en ce moment ? — Je prépare ma mort... Cette pauvre maison de boue s'écroule... *O æterna felicitas !*... Mon Dieu, je vous aime de toutes mes forces qui m'abandonnent... Je vais aller contempler votre souveraine beauté... J'accepte la mort-expiation... Que mes lèvres s'agitent encore une fois pour célébrer votre gloire... Suis-je prête ? Venez, Seigneur Jésus, venez !... »

* * *

Mère Marie-Berchmans était entrée dans sa trente-neuvième année le 15 mars 1908. Depuis quatre ans elle se dévouait aux œuvres de Villepinte, quand il plut à son céleste Epoux de l'appeler aux noces éternelles.

Au cours de sa longue agonie, toujours vaillante elle paraissait parfois retrouver son entrain habituel. A l'occasion d'une fête, elle écrit :

Une fête ici-bas, c'est d'oublier la vie,
La distance et le temps, l'exil et la Patrie ;
Une fête pour Dieu, c'est de nous faire un don,
De s'approcher de nous... Ah ! que lui seul est bon !...
Mais la fête, là-haut, n'a pas de lendemain ;
L'âme peut en jouir pleinement et sans fin...

Voici que le rideau se lève sur les splendeurs de cette fête sans lendemain. « L'exilée » entrevoit déjà les rivages ensoleillés de la Patrie...

Le don de Dieu, celui qu'elle attend comme un suprême bienfait, avant de s'en aller dans la demeure de son éternité : c'est la visite tant désirée de son père...

C'était l'avant-veille de sa mort... La malade est installée sur une chaise longue. Transportée au parloir, elle répond à la Supérieure qui s'informe de son état : « J'irais bien jusqu'en Chine comme ça ! »

M. Duquesne est là, muet, les yeux ardemment fixés sur sa fille dont le visage émacié reflète la blancheur de son âme. Pas n'est besoin de paroles quand les cœurs débordent de tendresse... A la première émotion poignante succède un entretien d'une grandeur simple et impressionnante...

Enfin le père, les yeux baignés de larmes, fait à son tour le sacrifice de son enfant et la bénit...

Et maintenant, c'est fait. Il ne reste plus à notre Sœur qu'à chanter son *Nunc dimittis.*

Déjà n'est-elle pas toute à son Dieu ?

Aux visiteuses elle redit : « Parlez-moi de Lui », ou bien : « Priez ! »

Les douleurs aiguës, lancinantes, augmentent d'intensité. La victime souffre le martyre. Les témoins s'étonnent qu'elle survive à de si rudes secousses. On voudrait en atténuer la durée. L'infirmière lui fait prendre du sirop de Tolu. Après quelques minutes d'assoupissement, la malade regrette ces courts instants qui l'ont privée du recours à Dieu. Elle obtient de sa Supérieure qu'il ne lui soit plus donné aucun « calmant ». Et elle sollicite, en grâce, l'autorisation, jusqu'à son dernier soupir, d'être sevrée de tout médicament, sous quelque forme que ce soit, désirant se présenter devant son Juge avec la plus grande somme de souffrances possible.

Elle jouit aussi jusqu'à la fin du plein usage de ses facultés. Toute ravie en Dieu, elle se désintéresse complètement des contingences ambiantes. On l'entend s'entretenir à voix basse avec Jésus en croix, s'unissant à ses souffrances et s'offrant à les partager, à se les approprier, à en ressentir toutes les amertumes.

Un peu avant sa mort, elle demande à la Sœur infirmière : « Quelle heure est-il ? — Trois heures et demie. — Ah ! Il ne souffre plus !... Je ne sais plus vivre, je ne peux plus prier, je ne sais plus que dire : PARDON ET MERCI !... »

Ces dernières paroles ne sont-elles pas celles d'une Auxiliatrice qui, chaque soir, redit à la très sainte Vierge : « *O Marie-Auxiliatrice, que votre puissance s'étende sur chacune des heures de notre vie, mais surtout sur la dernière, afin que notre dernier soupir s'exhale dans la* RECONNAISSANCE ET L'AMOUR [1]. »

Puis, ce fut l'agonie bercée par la prière.

De pénibles étouffements secouaient la patiente des pieds à la tête. Dans une minute d'ac-

[1] Extrait de la prière du soir de la Communauté.

calmie, les yeux de la moribonde se dilataient rayonnants de bonheur. Quelle vision dut éclairer cette âme parvenue au seuil de l'autre vie !... Il semblait qu'on entendît la voix douce du Maître dire à son humble servante :

« Venez, infatigable ouvrière, la tâche est terminée. Venez, épouse vigilante : *Veni, sponsa Christi !*

— *Ecce ancilla Domini...* »

« Oh ! qu'il est doux de mourir, dit sainte Marguerite-Marie, quand on a eu une dévotion constante au Cœur infiniment bon de Celui qui doit nous juger ! »

A l'aimer et à le faire aimer, l'Adoratrice-apôtre a consacré sa vie. Que peut-elle redouter à l'heure suprême de la mort ?...

Tandis que prenaient fin les prières liturgiques, la respiration se fit rare, puis imperceptible.

In manus tuas, Domine. Je remets mon âme entre vos mains, Seigneur !...

Le souffle expirait sur ses lèvres.

« Seigneur !... Seigneur !... il est temps de nous voir !... »

La paix, la radieuse paix que rien ne pouvait plus troubler, venait de commencer. Loin de ce monde et de ses ombres, l'âme s'était envolée, sous le baiser du Christ, vers la lumière de l'éternité, pour y célébrer la fête de tous les Saints.

Le 2 novembre, en la fête des Morts, la dépouille mortelle de Mère Marie-Berchmans fut déposée dans le caveau de famille de Marie-Auxiliatrice, au cimetière de Villepinte, où s'alignent, en un virginal décor, les tombes des jeunes défuntes du sanatorium. . .

Enfants et jeunes filles aimaient à l'entourer pendant sa vie.

« On sent la pureté près d'elle. » « Elle est si sainte que Dieu ne peut rien lui refuser ! » « Nul doute qu'elle ne soit maintenant au nombre des bienheureux, car elle parlait du paradis comme de la Terre promise que déjà elle habitait » : ces réflexions et cent autres à la louange de l'adoratrice-apôtre proclament l'influence de sa vertu et la fécondité de ses exemples.

Longtemps après sa mort, une petite malade insinuait à ses compagnes : « Parlons de Mère Marie-Berchmans, cela fait du bien et rapproche du ciel. »

Ainsi se réalise, aujourd'hui encore, l'unique ambition de l'humble Auxiliatrice :

« Être à Dieu une louange vivante de gloire. »

TABLE DES MATIÈRES

Pages.

IV

Vers l'idéal.

V

Per crucem ad lucem.

VI

Marie-Auxiliatrice.

BAR-LE-DUC — IMPRIMERIE SAINT-PAUL
36, BOULEVARD DE LA BANQUE. — 5486,3,22.

www.ingramcontent.com/pod-product-compliance
Ingram Content Group UK Ltd.
Pitfield, Milton Keynes, MK11 3LW, UK
UKHW021131260726
13994UKWH00001B/93

9 782329 457444